前言

启蒙之意，即是开导蒙昧，使之明白事理。启蒙教育始终是传统文化的一项重要内容，在中国古代教育中具有良好的传统。自春秋时起，关于启蒙教育的著作便不断涌现，春秋之《管子》《论语》，唐之《蒙求》，宋之《童蒙训》，元之《左氏蒙求》，清之《文字蒙求》，等等，皆是对稚童的言行进行规范以使其明事理、懂礼仪的启蒙教育读物，由此，一门受到社会各界普遍关注的蒙学教育得以养成。

提及蒙学教育，尤其不能绕开朱子。朱子，即朱熹，字元晦，号晦庵，南宋时著名的理学家、思想家、教育家，是儒学集大成者。他尤其注重对儿童进行启蒙教育，以助其知晓做人的基本道理和社会生活知识，培养稚童行事的浩然正气。

本书经过仔细甄选，选出最能代表朱子蒙学主张的两本书，即《童蒙须知》和《小学》，以及清初朱伯庐所著的《朱子治家格言》。此三者是在蒙学教育中具有深远影响的三部作品，皆以“养正”为主旨，由此而说开去，伸向生活的各个方面，教稚童受到正身、慎言、明理的熏陶。

《童蒙须知》是一部细致入微、寓意深刻的书。它剖开生活实践的内里，为稚童传授生活之礼节。此书分为五个部分，即“衣服冠履”“言语步趋”“洒扫涓洁”“读书写文字”“杂细事宜”，内容之全面，内涵之丰富，历史底蕴之深厚，令人赞而叹之。书中所言并不因时代久远而毫无实用性，它贴近稚童生活，境界宏阔、学养深厚却不乏实际之处。因而，《童蒙须知》既是教授稚童养成良好习惯的书，亦是让稚童自幼年起便知书达理的书。

《小学》是朱熹在《童蒙须知》之外，又一部精华之作，亦是影响最为久远、价值最受世人认可之作。在朱熹看来，人之教育有“小学”和“大学”之分。“小学”即8～15岁应受的教育。在这一阶段，稚童还不具备完善的思维能力，智力亦尚未开启，因而以生活实践与涵养德行为主。

《小学》分为《内篇》和《外篇》，《内篇》分别为“立教”“明伦”“敬身”“稽古”四篇，《外篇》则有“嘉言”

“善行”两篇。《四库全书总目》有言：“是书所录，皆宋儒所谓养正之功，教之本也。”又有言：“儒者为学之基，实备于此。”明太祖朱元璋曾令亲王、驸

童蒙须知·小学
朱子治家格言

[南宋]朱熹 [清]朱柏庐 著
杨博 注

中华国学经典精粹

北京联合出版公司
Beijing United Publishing Co.,Ltd.

图书在版编目（CIP）数据

童蒙须知·小学 /（南宋）朱熹著；杨博注 . 朱子治家格言 /（清）朱柏庐著；杨博注 .—北京：北京联合出版公司，2016.9（2020.8 重印）

（中华国学经典精粹）

ISBN 978-7-5502-8783-9

Ⅰ. ①童… ②朱… Ⅱ. ①朱… ②朱… ③杨… Ⅲ. ①古汉语—启蒙读物 ②家庭道德—中国—清前期—通俗读物 Ⅳ. ① H194.1 ② B823.1-49

中国版本图书馆 CIP 数据核字（2016）第 239091 号

童蒙须知·小学·朱子治家格言

作　　者：朱　熹　朱柏庐
责任编辑：牛炜征
封面设计：颜　森

北京联合出版公司出版
（北京市西城区德外大街 83 号楼 9 层　100088）
北京华夏墨香文化传媒有限公司发行
三河市东兴印刷有限公司印刷　新华书店经销
字数 130 千字　880 毫米 ×1230 毫米　1/32　5 印张
2019 年 5 月第 3 版　2020 年 8 月第 7 次印刷
ISBN 978-7-5502-8783-9
定价：36.00 元

马、太学生皆读此书，由此可见此书价值非同一般。

《朱子治家格言》，又名《朱子家训》，是清初朱柏庐所著。朱柏庐为著名理学家、教育家，昆山（今属江苏）人，与归有光、顾炎武并称为“昆山三贤”，又与徐枋、扬无咎并称“吴中三高士”。他潜心读书治学，以程朱理学为本，教授学生知行并进、躬身实践，由此而作成此书，以传授知书达理的行为规范。

本书合《童蒙须知》《小学》《朱子治家格言》为一书，对这三种启蒙教育读物中的生僻字进行注音与释义，对古今意义区别较大的词汇进行必要的注释，以传播传统文化精髓。不可否认的是，由于时代不同，诸多内容已不太合宜，但书中侍奉父母、尊敬师长、修身养性、潜心学习、勤奋进取之内涵，在这个浮躁的时代更具借鉴意义。

目录

童蒙须知

原叙 …………………………… 002
衣服冠履第一 ………………… 003
言语步趋第二 ………………… 005
洒扫涓洁第三 ………………… 007
读书写文字第四 ……………… 009
杂细事宜第五 ………………… 011

小学

内篇

立教第一 ……………………… 016
明伦第二 ……………………… 025
敬身第三 ……………………… 054
稽古第四 ……………………… 071

外篇

嘉言第五 ………………………… 084
善行第六 ………………………… 116

朱子治家格言

童蒙须知

【南宋】朱熹 著

原叙[1]

【原文】

夫童蒙[2]之学，始于衣服冠履，次及言语步趋，次及洒扫涓洁[3]，次及读书写文字，及有杂细事宜，皆所当知。今逐目条列，名曰《童蒙须知》。若其修身治心、事亲接物与夫穷理尽性[4]之要，自有圣贤典训[5]，昭然[6]可考，当次第晓达，兹不复详著云。

【注释】

①叙：同“序”，即序言。

②童蒙：幼稚无知的人。

③涓洁：清洁，洁净。

④穷理尽性：穷究天地万物的规律和本质。

⑤典训：《尚书》中《尧典》《伊训》等篇的并称。此处指典籍。

⑥昭然：明白清楚的样子。

夫童蒙之学，始于衣服冠履。

衣服冠履第一

【原文】

大抵为人，先要身体端整。自冠巾、衣服、鞋袜皆须收拾爱护，常令洁净整齐。我先人常训[①]子弟云：“男子有三紧。谓头紧、腰紧、脚紧。”头谓头巾，未冠者总髻[②]。腰谓以绦[③]或带束腰。脚谓鞋袜。此三者要紧束，不可宽慢[④]。宽慢则身体放肆[⑤]，不端严，为人所轻贱矣。

【注释】

①训：教导。

②总髻：总角。古时男童束发为两结，向上分开，形如角。

③绦（tāo）：丝带，丝绳。

④宽慢：即蓬松散乱。

⑤放肆：没有约束，放纵而为。

【原文】

凡着衣服，必先提整衿[①]领，结两衽[②]纽带，不可令有阙[③]落。饮食照管，勿令污坏；行路看顾，勿令泥渍[④]。

【注释】

①衿（jīn）：古代服装下连到前襟的衣领。

②衽（rèn）：衣襟。

③阙：缺少。

④渍（zì）：沾在物体表面难以去除的泥、油等污垢。

【原文】

凡脱衣服，必齐整折叠箱箧[1]中。勿散乱顿放[2]，则不为尘埃杂秽所污。仍易于寻取，不致散失。着衣既久，则不免垢腻。须要勤勤洗浣[3]。破绽则补缀[4]之，尽补缀无害，只要完洁。

【注释】

①箧（qiè）：箱子一类的东西。

②顿放：安顿，放置。

③浣（huàn）：洗。

④缀（zhuì）：缝，补。

【原文】

凡盥[1]面，必以巾帨[2]遮护衣领，卷束两袖，勿令有所湿。凡就劳役，必去上笼衣服，只着短便，爱护勿使损污。凡日中[3]所着衣服，夜卧必更，则不藏蚤虱，不即敝[4]坏。苟能如此，则不但威仪可法，又可不费衣服。晏子一狐裘[5]三十年，虽意在以俭化俗，亦其爱惜有道也，此最饬[6]身之要，毋忽！

【注释】

①盥（guàn）：洗。

②帨（shuì）：佩巾，手巾。

③日中：白天。

④敝：破旧。

⑤狐裘：用狐皮制成的大衣。

⑥饬（chì）：整治。

言语步趋第二

【原文】

凡为人子弟，须是常低声下气，语言详缓，不可高言喧哄、浮言[①]戏笑。父兄长上有所教督[②]，但当低首听受，不可妄自议论。长上检责[③]，或有过误，不可便自分解，姑且隐默[④]。久却徐徐细意条陈[⑤]，云此事恐是如此，向者当是偶尔遗忘。或曰：当是偶尔思省未至。若尔，则无伤忤[⑥]，事理自明。至于朋友分上，亦当如此。

【注释】

①浮言：毫无根据的话。

②教督：教导督促。

③检责：检查，批评。

④隐默：沉默不语。

⑤条陈：分条陈述。

⑥忤（wǔ）：违逆，冒犯。

【原文】

凡闻人所为不善，下至婢仆违过，宜且包藏[①]，不应便尔[②]声言。当相告语，使其知改。

【注释】

①包藏：宽容，包涵。

②便尔：草率地。

【原文】

凡行步趋跄[①]，须是端正，不可疾走跳踯[②]。若父母长上有所唤召，却当疾走而前，不可舒缓。

【注释】

①跄（qiàng）：疾走，快走。

②跳踯（zhí）:上下跳跃。

洒扫涓洁第三

【原文】

凡为人子弟，当洒扫居处之地，拂拭几[①]案，当令洁净。文字[②]笔砚、凡百[③]器用[④]，皆当严肃[⑤]整齐，顿放有常处。取用既毕，复置元所[⑥]。

【注释】

①几（jī）：古人坐时用来倚靠或放置东西的小桌子。

②文字：此处指案卷，纸张。

③凡百：一切，一应。

④器用：器皿用具。

⑤严肃：此处指摆放严谨且有规矩。

⑥元所：原来、最初的地方。

【原文】

父兄长上坐起处，文字纸札[①]之属，或有散乱，当加意[②]整齐，不可辄[③]自取用。凡借人文字，皆置簿[④]钞录主名，及时取还。

【注释】

①纸札（zhá）：纸张。

②加意：注重，特别注意。

③辄（zhé）：立即，即刻。

④簿（bù）：记事本。

【原文】

窗壁、几案、文字间，不可书字。前辈云：“坏笔污墨，瘝[①]子弟职。书几书砚，自黥[②]其面。”此为最不雅洁，切宜深戒！

【注释】

①瘝（guān）：旷废。

②黥（qíng）：古代的一种肉刑，即在脸上刺字后涂墨。

读书写文字第四

【原文】

凡读书，须整顿几案，令洁净端正。将书册整齐顿放，正身体对书册，详缓看字，子细[①]分明。

【注释】

①子细：即仔细。

【原文】

读之，须要读得字字响亮，不可误一字，不可少一字，不可多一字，不可倒一字。不可牵强[①]暗记，只是要多诵遍数[②]，自然上口[③]，久远不忘。古人云："读书千遍，其义自见[④]。"谓熟读则不待解说，自晓其义也。

【注释】

①牵强：犹勉强。

②遍数（shǔ）：一遍一遍地数。

③上口：因诵读诗文等纯熟，能脱口而出。

④见（xiàn）：显现，体现。

【原文】

余尝谓读书有三到[①]：谓心到、眼到、口到。心不在此，则眼不看子细，心眼既不专一，却只漫浪[②]诵读，决不能记，记亦不能久也。三到之中，心到最急[③]。心既到矣，眼口岂不到乎？

【注释】

①到：到位。

②漫浪：放纵而不受拘束，此处指随意。

③急：紧要，重要。

【原文】

凡书册，须要爱护，不可损污绉折[①]。济阳江禄[②]，书读未完，虽有急速[③]，必待掩束[④]整齐然后起，此最为可法。

【注释】

①绉（zhòu）折：折叠且留下痕迹。

②江禄：南朝梁济阳考城人，字彦遐，自幼好学，善做文章，工于书法、弹琴。

③急速：指仓促之间发生的紧急之事。

④掩束：掩盖，捆束。

【原文】

凡写文字，须高执墨锭[①]，端正研磨，勿使墨汁污手。高执笔，双钩[②]端楷书字，不得令手指着[③]毫[④]。凡写字，未问写得工拙如何，且要一笔一画，严正分明，不可潦草。凡写文字，须要子细看本，不可差讹[⑤]。

【注释】

①墨锭（dìng）：墨块。

②双钩：古时一种执笔的指法名称，与“单钩”相对。

③着（zhuó）：碰到。

④毫：笔头，笔尖。

⑤差讹（é）：错误，差错。

凡子弟，须要早起晏眠。

杂细事宜第五

【原文】

凡子弟，须要早起晏眠[1]。凡喧哄斗争之处不可近，无益之事不可为。谓如赌博、笼养[2]、打球[3]、踢球[4]、放风禽[5]等事。

【注释】

①晏（yàn）眠：睡眠，安眠。晏，安定，安乐。

②笼养：用笼子养鸟。

③打球：古时的一种体育运动，与今时的马球运动相类似。

④踢球：古时的一种体育运动，与今时的足球运动相类似。

⑤风禽：风筝。

【原文】

凡饮食，有则食之，无则不可思索，但粥饭充饥不可阙[1]。凡向火[2]，勿迫近火旁。不惟举止不佳，且防焚爇[3]衣服。

【注释】

①阙（quē）：缺少。

②向火：烤火。

③焚爇（fén ruò）：烧毁。

【原文】

凡相揖[①]，必折腰[②]。凡对父母长上朋友，必称名[③]。凡称呼长上，不可以字[④]，必云某丈[⑤]。如弟行[⑥]者，则云某姓某丈。按《释名》[⑦]弟训第，谓相次第也。某丈者，如云张丈、李丈。某姓某丈者，如云张三丈、李四丈。旧注云。

【注释】

①揖（yī）：古代的拱手礼。

②折腰：弯腰行礼。

③称名：自称时不能称“我”，而称自己的名。

④字：人的表字，古人成年之后，另取一个与本名含义相关的别名，以表其德。

⑤丈：对长辈的尊称。

⑥弟行：兄弟之间的排行。

⑦《释名》：汉末刘熙所著，用于探求事物得名的来由，共八卷。

【原文】

凡出外及归，必于长上前作揖，虽暂出亦然。凡饮食于长上之前，必轻嚼缓咽，不可闻饮食之声。凡饮食之物，勿争较多少美恶。凡侍[①]长者之侧，必正立拱手。有所问，则必诚实对，言不可妄[②]。

【注释】

①侍：侍从，陪从。

②妄：虚妄，虚假。

【原文】

凡开门揭帘，须徐徐轻手，不可令震惊[①]声响。凡众坐，必敛[②]身，勿广占坐席。凡侍长上出行，必居路之右，住必居左。

【注释】

①震惊：使人惊惧，震动。

②敛（liǎn）：约束，收敛。

【原文】

凡饮酒，不可令至醉。凡如厕[①]，必去[②]外衣，下必盥[③]手。凡夜行，必以灯烛，无烛则止。凡待婢仆，必端严，勿得与之嬉笑。执器皿必端严，惟恐有失。凡危险，不可近。凡道路遇长者，必正立拱手，疾趋[④]而揖。凡夜卧，必用枕，勿以寝衣[⑤]覆首。凡饮食，举匙[⑥]必置箸，举箸[⑦]必置匙。食已，则置匙箸于案。

【注释】

①如厕：去厕所。

②去：脱下。

③盥（guàn）：洗。

④疾趋：快而轻地小步走。

⑤寝衣：小被，即夹被。

⑥匙（chí）：舀汤用的小勺。

⑦箸（zhù）：筷子。

【原文】

杂细[①]事宜，品目[②]甚多，姑举其略，然大概具矣。凡此五篇，若能遵守不违，自不失为谨愿[③]之士。必

又能读圣贤之书，恢[④]大此心，进德修业[⑤]，入于大贤君子之域[⑥]，无不可者。汝曹[⑦]宜勉之。

【注释】

①杂细：复杂详细。

②品目：事物的名目。

③谨愿：诚实，质朴。

④恢：宏大，弘扬。

⑤进德修业：增进品德，修养学问。

⑥域：境界。

⑦汝曹：你们。

小学

【南宋】朱熹 著

内篇

立教第一

【题解】

“立”，建立、设立之意；“教”，指教育，亦指教育方法。由此而言，“立教”则是建立一种行之有效、给人以启蒙的教育方法。这一部分引述古代圣贤的教育主张，以此印证朱熹自己的教育方法，其用意是教育稚童明人伦，持守自身。

【原文】

子思子①曰：“天命之谓性，率性之谓道，修道之谓教。”则②天明，遵圣法③，述此篇俾④为师者知所以教，而弟子知所以学。

【注释】

①子思子：字子思，即孔伋，孔子之孙，孔鲤之子。后一“子”字是古代对人的尊称。

②则：效法，遵循。

③圣法：圣人之法度，教导。

④俾（bǐ）：使。

【原文】

《列女①传》曰：古者妇人妊②子，寝③不侧，坐不边④，立不跸⑤。不食邪味⑥，割⑦不正不食，席不正不坐，目不视邪色[⑧]，耳不听淫声[⑨]。夜则令瞽[⑩]诵诗，道正事。如此，则生子形容端正，才过人矣。

【注释】

①列女：诸女，众妇。

②妊（rèn）：怀孕。

③寝：卧，睡。

④坐不边：古人席地而坐，不偏着身子坐。边，身子偏向一边。

⑤跸（bì）：站立不正，身子的重量偏于一只脚。

⑥邪味：不正之味。

⑦割：切。

⑧邪色：不正之色。

⑨淫声：不正之声。

⑩瞽（gǔ）：瞎，盲。此处指通晓音乐、诗歌的盲人。

【原文】

《内则》[①]曰：凡生子，择于诸母[②]与可者，必求其宽裕慈惠、温良恭敬、慎而寡言者，使为子师。子能食食[③]，教以右手；能言，男“唯”[④]女“俞”[⑤]；男鞶革；女鞶丝。六年，教之数与方名。七年，男女不同席，不共食。八年，出入门户及即席饮食，必后长者，始教之让。九年，教之数日。十年，出就外傅[⑥]，居宿于外，学书计；衣不帛襦袴[⑦]；礼帅初，朝夕学幼仪，请肄[⑧]简谅。十有三年，学乐，诵诗，舞《勺》[⑨]；成童，舞《象》[⑩]，学射御。二十而冠[⑪]，始学礼；可以衣裘[⑫]帛；舞《大夏》；惇行孝弟[⑬]，博学不教，内[⑭]而不出。

三十而有室，始理男事；博学无方，孙[15]友视志。四十始仕，方物出谋发虑；道合则服从，不可则去。五十命为大夫，服官政。七十致事。女子十年不出；姆[16]教婉娩[17]听从；执麻枲[18]，治丝茧，织纴组紃[19]，学女事，以共衣服；观于祭祀，纳酒浆、笾豆[20]、菹醢[21]，礼相助奠。十有五年而笄，二十而嫁；有故，二十三而嫁。聘则为妻，奔则为妾。

【注释】

①《内则》：《礼记》中的篇名，即讲述家庭内需要遵守的法则。

②诸母：古时允许一夫多妻，此处指夫之所有妻妾。

③食（sì）食（shí）：吃饭。

④男“唯”：男子快速答应。

⑤女“俞”：女子缓缓答应。

⑥外傅：家庭之外的老师。

⑦襦袴（rú kù）：上衣和裤子。

⑧肄（yì）：学习，练习。

⑨《勺》：即《诗经·周颂·酌》，歌颂周武王的诗歌。

⑩《象》：即《诗经·周颂·武》，赞美周武王的诗歌。

⑪冠（guàn）：戴帽。古代男子二十岁行成人礼，结发戴冠。

⑫裘（qiú）：皮衣。

⑬孝弟（tì）：孝敬父母，敬爱兄长。弟，通“悌”。

⑭内（nà）：通“纳”，接受，容纳。

⑮孙（xùn）：同“逊”，顺，退让。

⑯姆（mǔ）：以妇道之德教授女子的女教师。

⑰婉娩（miǎn）：柔顺的样子。

⑱枲（xǐ）：结籽的大麻。

⑲织纴（rèn）组紃（xún）：指妇女的纺织。纴，织布帛的丝缕。紃，即绦，细带。

⑳笾（biān）豆：古代祭祀时盛放祭品的礼器。笾由竹制成，豆由木制成。

㉑菹醢（zū hǎi）：腌菜和肉酱。

【原文】

《曲礼》[①]曰：幼子常视[②]毋[③]诳[④]，立必正方[⑤]，不倾听。

【注释】

①《曲礼》：《礼记》中的篇名。

②视：即“示”，教育，示范。

③毋（wú）：不，不要。

④诳（kuáng）：欺骗。

⑤正方：正面对着一个方向。

【原文】

《学记》[①]曰：古之教者，家有塾[②]，党[③]有庠[④]，术[⑤]有序[⑥]，国[⑦]有学[⑧]。

【注释】

①《学记》：《礼记》中的篇名。

②塾（shú）：家学，私人设立的学校。

③党：古代行政单位，五百家为一党。

④庠（xiáng）：即一党之中设立的学校。

⑤术：指“州”，两千五百家为一州。

⑥序：即一州之内设立的学校。

⑦国：天子的国都和诸侯国的都城。

⑧学：即天子国都和诸侯国都城设立的学校。

【原文】

孟子[①]曰：人之有道也，饱食暖衣，逸[②]居而无教，则近于禽兽。圣人有忧之，使契[③]为司徒，教以人伦[④]。父子有亲，君臣有义，夫妇有别，长幼有序，朋友有信。

【注释】

①孟子：名轲，字子舆，战国时邹国人，伟大的思想家、教育家，儒家学派的代表人物。与孔子并称“孔孟”。

②逸：安闲，无所用心。

③契（xiè）：传说中帝喾之子，被尧任命为司徒，主管教化。

④伦：次序。

【原文】

舜[①]命契曰：“百姓不亲，五品[②]不逊[③]。汝作司徒[④]，敬敷[⑤]五教[⑥]，在宽。”命夔[⑦]曰：“命汝典[⑧]乐，教胄子[⑨]，直而温，宽而栗[⑩]，刚而无虐[⑪]，简而无傲。诗言志，歌永[⑫]言，声[⑬]依永，律[⑭]和声。八音[⑮]克[⑯]谐，无相夺伦，神人以和。”

人之有道也，饱食暖衣，逸居而无教，则近于禽兽。

【注释】

①舜：传说中的古代圣帝。

②五品：五种人伦关系，即父子、君臣、夫妇、长幼、朋友。

③逊：恭顺，谦逊。

④司徒：主管教化的官员，为六卿之一。

⑤敷（fū）：布置，实施。

⑥五教：五种教育，即父子教之以亲，君臣教之以义，夫妇教之以别，长幼教之以序，朋友教之以信。

⑦夔（kuí）：舜时乐官。

⑧典：掌管，主管。

⑨胄（zhòu）子：古时帝王与卿大夫的长子。

⑩栗（lì）：严肃，威严。

⑪虐（nüè）：侵害，残暴。

⑫永：通“咏”，吟咏，咏唱。

⑬声：五声，即宫、商、角、徵、羽。

⑭律：十二律，即乐律的统称。

⑮八音：金、石、丝、竹、匏、土、革、木。

⑯克：能。

【原文】

《周礼·大司徒[①]》：以乡三物[②]教万民而宾[③]兴[④]之：一曰六德，知[⑤]、仁、圣、义、忠、和；二曰六行，孝、友[⑥]、睦[⑦]、姻[⑧]、任[⑨]、恤[⑩]；三曰六艺，礼、乐、射、御、书、数。以乡八刑纠万民：一曰不孝之刑，二曰不睦之刑，三曰不姻之刑，四曰不弟之刑，五曰不任之刑，六曰不恤之刑，七曰造言[11]之刑，八曰乱民之刑。

【注释】

①大司徒：主管国家教化的最高长官。

②三物：三件事。即下文所言“六德”“六行”“六艺”。

③宾：乡中具备德、行、艺三种才能的人被尊为宾。

④兴：推举，举荐。

⑤知：通“智”，辨识事理。

⑥友：兄弟友善。

⑦睦：九族亲善。

⑧姻：对姻亲友善。

⑨任：对朋友讲信用。

⑩恤（xù）：怜惜救济贫困之人。

⑪造言：造谣。

【原文】

《弟子职》曰：先生施教，弟子[1]是则。温恭[2]自虚，所受是极[3]。见善从之，闻义则服[4]。温柔孝弟，毋骄恃[5]力。志毋虚邪，行必正直。游居[6]有常，必就有德。颜色整齐，中心必式[7]。夙兴夜寐[8]，衣带必饬[9]。朝益[10]暮习，小心翼翼[11]。一此不懈[12]，是谓学则。

【注释】

①弟子：学生。

②温恭：谦逊恭敬。

③所受是极：接受教育、学习知识时要穷究正确的道

理、准则。极，穷尽。

④服：行动。

⑤恃：依仗，凭借。

⑥游居：行止起居。

⑦式：规矩，榜样。

⑧夙（sù）兴夜寐（mèi）：早起晚睡。

⑨饬（chì）：整顿，整齐。

⑩益：增。

⑪小心翼翼：谨慎恭敬。

⑫懈（xiè）：懈怠，松散。

【原文】

孔子[①]曰：弟子入则孝，出则弟，谨而信，泛[②]爱众而亲仁，行有余力[③]，则以学文。

【注释】

①孔子：孔氏，名丘，字仲尼，春秋时鲁国人，儒家学派创始人。

②泛：广泛。

③余力：闲暇时间。

【原文】

兴[①]于诗，立[②]于礼，成[③]于乐。

【注释】

①兴：兴起。

②立：立身处世。

③成：修成，养成。

【原文】

《乐记》曰：礼乐不可斯须[①]去身。

【注释】

①斯须：短暂，片刻。

【原文】

子夏[①]曰：贤贤[②]易色[③]，事父母能竭其力，事君能致[④]其身，与朋友交言而有信，虽曰未学，吾必谓之学矣。

【注释】

①子夏：姓卜，名商，孔子弟子，春秋时卫国人。

②贤贤：以贤为贤，注重他人之美德。

③色：喜好美色。

④致：委，献身。

明伦第二

【题解】

所谓“明伦”，即是“明人伦”，认识并能合理处理人与人之间的关系。这些关系包括君臣、父子、长幼、朋友之间的关系。“明伦”是《小学》全书的精髓所在，朱熹着如此多的笔墨写这一部分，有两个用意：第一，让稚童通过学习明白人伦之理；第二，将学到的人伦之理运用到生活中去。

【原文】

孟子曰：“设为庠序学校以教之，皆所以明人伦也。”稽[①]圣经，订[②]贤传，述此篇以训[③]蒙士[④]。

【注释】

①稽（jī）：考察。

②订：评议。

③训：教育。

④蒙士：浅学无知之人，此处指开始学习的儿童。

【原文】

父子之亲

凡内外[①]，鸡初鸣，咸盥漱，衣服[②]，敛枕簟[③]，洒扫室堂及庭，布席[④]，各从其事。

【注释】

①内外：指全家上下、尊卑、长幼。

②衣（yì）服：穿好衣服。

③簟（diàn）：竹席。

④布席：铺设坐席。

【原文】

父母、舅姑[①]将坐，奉席[②]，请何乡[③]。将衽[④]，长者奉席，请何趾[⑤]。少者执床[⑥]与坐，御者[⑦]举几[⑧]，敛席与簟，县衾[⑨]，箧枕[⑩]，敛簟而襡[⑪]之。父母、舅姑之衣衾簟席枕几，不传[⑫]；杖屦[⑬]，祗[⑭]敬之，勿敢近；敦牟[⑮]卮[⑯]匜[⑰]，非馂[⑱]莫敢用；与恒[⑲]饮食，非馂，莫之敢饮食。

【注释】

①舅姑：公公、婆婆。

②奉席：捧座席。

③请何乡（xiǎng）：请问朝向什么方向坐。乡，通“向”。

④衽（rèn）：卧席。此处指睡觉。

⑤请何趾（zhǐ）：请问脚向哪一方。趾，脚。

⑥床：坐榻一类的东西。

⑦御者：仆人。

⑧几（jī）：小桌子。

⑨县衾（xuán qīn）：将被子挂起来。县，通“悬”，悬挂。衾，被子。

⑩箧（qiè）枕：将枕头装进箱子。箧，箱子。

⑪襡（dú）：收藏。

⑫传：移动。

⑬屦（jù）：鞋子。

⑭祗（zhī）：敬，敬重。

⑮敦牟（duì móu）：两种装食物的器具。

⑯卮（zhī）：酒器。

⑰匜（yí）：盛水的用具。

⑱馂（jùn）：吃剩下的食物。

⑲恒：平常，平时。

【原文】

《曲礼》曰：凡为人子之礼，冬温[①]而夏清[②]，昏定[③]而晨省[④]。出必告，反[⑤]必面。所游必有常[⑥]，所习必有业[⑦]。恒[⑧]言不称老。

【注释】

①温：暖和。

②清（qìng）：凉爽，清凉。

③定：安置父母或尊长的床褥。

④省（xǐng）：问候，问安。

⑤反：同“返”，回来。

⑥常：固定的地方。

⑦业：学业。

⑧恒：平常。

【原文】

《礼记》曰：孝子之有深爱者，必有和气；有和气者，必有愉色；有愉色者，必有婉容[①]。孝子如执玉，如奉盈[②]，洞洞[③]属属[④]然，如弗胜[⑤]，如将失之。严威俨恪[⑥]，非所以事亲也。

【注释】

①婉（wǎn）容：和顺的容色。

②奉（pěng）盈：双手捧着满满的水。奉，通“捧”。

③洞洞：虔诚质朴的样子。

④属属：忠心专一的样子。

⑤胜（shēng）：承担，承受。

⑥俨恪（yǎn kè）：庄重严肃。

【原文】

《曲礼》曰：凡为人子者，居不主奥[①]，坐不中席[②]，行不中道，立不中门。食飨[③]不为槩[④]，祭祀不为尸[⑤]。听于无声，视于无形。不登高，不临深。不苟[⑥]訾[⑦]，不苟笑。

【注释】

①主奥：坐于尊位。

②中席：坐席的中间位置。

③食飨（sì xiǎng）：大宴宾客。

④槩（gài）：通“概”，限量。

⑤尸：古代祭祀时，祭祀之人代替受祭之人。

⑥苟（gǒu）：随便，苟且。

⑦訾（zī）：诋毁。

【原文】

孔子曰：父母在，不远游[①]；游必有方[②]。

父母存，不许友以死。

【注释】

①游：游历。

②方：方位，住所。

【原文】

《曲礼》曰：父母存[①]，不许[②]友以死。

【注释】

①存：在世，活着。

②许：许诺，答应。

【原文】

《礼记》曰：父母在，不敢有其身，不敢私[①]其财，示民有上下也。父母在，馈献[②]不及车马[③]，示民不敢专[④]也。

【注释】

①私：私自占有。

②馈（kuì）献：赠送。

③车马：车与马，此处引申为重要的财物。

④专：独断独行，自作主张。

【原文】

《曲礼》曰：父召，无诺[①]；先生召，无诺。唯[②]而起。

【注释】

①诺：缓缓应答。

②唯：快速应答。

【原文】

《士相见礼》曰：凡与大人[①]言，始视面，中视抱[②]，

卒[3]视面，毋改。众皆若是。若父，则游[4]目，毋上于面，毋下于带[5]。若不言，立则视足，坐则视膝。

【注释】

①大人：对显贵之人和长辈的尊称。

②抱：胸。

③卒：最终，最后。

④游：游动，移动。

⑤带：腰带。

【原文】

《礼记》曰：父命呼，唯而不诺；手执业[1]，则投之；食在口，则吐之；走[2]而不趋。亲老，出不易方，复[3]不过时。亲癠[4]，色容不盛。此孝子之疏节[5]也。父没[6]，而不能读父之书，手泽[7]存焉尔；母没，而杯圈[8]不能饮焉，口泽之气存焉尔。

【注释】

①业：事务，业务。

②走：快步走，跑。

③复：返，回家。

④癠（jí）：通“瘠”，病，疾病。

⑤疏节：疏略的礼节。

⑥没（mò）：去世。

⑦手泽：手迹，手汗。

⑧杯圈：饮食器物。

【原文】

曾子[1]曰：孝子之养老[2]也，乐其心，不违其志；乐其耳目，安其寝处[③]，以其饮食忠[④]养之。是故父母之所爱，亦爱之，父母之所敬，亦敬之。至于[⑤]犬马尽[⑥]然，而况于人乎？

【注释】

①曾子：曾参，字子舆，春秋时鲁国人，孔子弟子。

②老：此处指父母。

③寝处（qǐn chǔ）：坐与卧，指日常生活。

④忠：尽心。

⑤至于：甚至，连。

⑥尽：完全。

【原文】

曾子曰：父母爱之，喜而不忘；父母恶[①]之，惧而无怨。父母有过，谏[②]而不逆[③]。

【注释】

①恶（wù）：憎恨，讨厌。

②谏（jiàn）：以言语规劝。

③逆：违逆，不顺。

【原文】

《内则》曰：父母有过，下气[①]怡[②]色，柔声以谏。谏[③]若不入，起[④]敬起孝。说，则复谏；不说[⑤]，与其得罪于乡党州闾[⑥]，宁孰[⑦]谏。父母怒，不说而挞[⑧]之流血，不敢疾[⑨]怨，起敬起孝。

【注释】

①下气：和气。

②怡：和悦，喜乐。

③谏（jiàn）：规劝。

④起：兴起。

⑤说：通“悦”，高兴。

⑥乡党州闾（lǘ）：古时一万二千五百家为乡，五百家为党，二千五百家为州，二十五家为闾。

⑦孰：同“熟”，反复，恳切。

⑧挞（tà）：用鞭棍等打。

⑨疾：怨，恨。

【原文】

父母有疾，冠者不栉[①]，行不翔[②]，言不惰[③]，琴瑟不御[④]，食肉不至变味[⑤]，饮酒不至变貌[⑥]，笑不至矧[⑦]，怒不至詈[⑧]。疾止复故[⑨]。

【注释】

①栉（zhì）：梳理头发。

②翔：行走时两臂张开。

③惰：语言戏笑轻慢。

④御：用。

⑤变味：肉食多，味道则改变，此处引申为少吃肉。

⑥变貌：酒饮多，外貌则改变，此处引申为少喝酒。

⑦矧（shěn）：齿龈，牙齿的根部。

⑧詈（lì）：怒骂，责备。

⑨故：往常，原来。

【原文】

《内则》曰：父母虽没，将为善，思贻[①]父母令[②]名，必果；将为不善，思贻父母羞辱，必不果[③]。

【注释】

①贻（yí）：留下，遗留。

②令：美，好。

③果：果断，引申为坚决做某事，使之成为事实。

【原文】

《祭义》曰：霜露既降，君子履[①]之，必有凄怆[②]之心，非其寒之谓也。春，雨露既濡[③]，君子履之，必有怵惕[④]之心，如将见之。

【注释】

①履（lǚ）：踏踩。

②凄怆：悲伤。

③濡（rú）：湿润，润泽。

④怵惕（chù tì）：警惕，惊惧。

【原文】

君子之祭也，必身亲莅[①]之。有故，则使人[②]可也。

【注释】

①莅（lì）：到，临。

②使人：派人代替。

【原文】

《曲礼》曰：君子虽贫，不粥[①]祭器。虽寒，不衣[②]祭服。为宫室，不斩于丘[③]木。

【注释】

①粥（yù）：通“鬻”，卖，出卖。

②衣（yì）：穿。

③丘：坟墓，墓地。

【原文】

孔子曰：父母生之，续[①]莫大焉。君亲临[②]之，厚莫重焉。是故，不爱其亲而爱他人者，谓之悖德；不敬其亲而敬他人者，谓之悖[③]礼。

【注释】

①续：传接，承续。

②临：治理，统治。

③悖（bèi）：违反，违背。

【原文】

孝子之事亲[①]，居则致其敬，养则致[②]其乐，病则致其忧，丧则致其哀，祭则致其严。五者备矣，然后能事亲。事亲者，居上[③]不骄，为下[④]不乱，在丑[⑤]不争。居上而骄则亡，为下而乱则刑，在丑而争则兵。此三者不除，虽日用三牲[⑥]之养，犹为不孝也。

【注释】

①事亲：侍奉父母。

②致：极，尽。

③居上：处于高位。

④为下：处于下位。

⑤丑：同类，众类。

⑥三牲：牛、羊、猪，此为最高等级的供养。

【原文】

孟子曰：世俗所谓不孝者五：惰其四支[①]，不顾父母之养，一不孝也。博奕[②]好饮酒，不顾父母之养，二不孝也。好货财，私[③]妻子[④]，不顾父母之养，三不孝也。从[⑤]耳目之欲[⑥]，以为父母戮[⑦]，四不孝也。好勇斗狠[⑧]，以危父母，五不孝也。

【注释】

①支：通“肢”。

②博奕（yì）：赌博和下棋。

③私：偏爱，偏私。

④妻子：妻子儿女。

⑤从（zòng）：通“纵”，放纵，放任。

⑥耳目之欲：声色欲望。

⑦戮（lù）：侮辱，羞耻。

⑧狠：愤戾，狠毒。

【原文】

曾子曰：身也者，父母之遗体[①]也。行父母之遗体，敢不敬乎？居处不庄，非孝也；事君不忠，非孝也；莅官[②]不敬，非孝也；朋友不信，非孝也；战陈[③]无勇，非孝也。五者不遂[④]，烖[⑤]及其亲，敢不敬乎？

【注释】

①遗体：父亲身体的延续。

②莅（lì）官：做官。

③陈（zhèng）：通“阵”，战场，阵地。

④遂：成，实现。

⑤烖（zāi）：同“灾”，灾祸。

【原文】

孔子曰：五刑[①]之属[②]三千，而罪莫大于不孝。

【注释】

①五刑：五种刑法，即刺面、割鼻、断足、去势、死刑。

②属：类，种类。

【原文】

君臣之义

《礼记》曰：将适[①]公所[②]，宿齐戒[③]，居外寝[④]，沐浴。史[⑤]进象笏[⑥]，书思[⑦]对[⑧]命[⑨]。既服，习容观[⑩]，玉声[⑪]，乃[⑫]出。

【注释】

①适：往，到。

②公所：君王朝所处的地方。

③宿齐（zhāi）戒：前一天便整洁心身，不饮酒，不吃荤，不与妻妾同寝，以示虔诚。齐，通“斋”。

④外寝（qǐn）：即正寝，也就是中门外的房屋，斋戒、居丧的住所。

⑤史：掌管文史者。

⑥象笏（hù）：用象牙制成的板子，其上记着重要的事情，以防遗忘。

⑦思：想要告诉君王的事情。

⑧对：应对君王可能要问的事情。

⑨命：君王曾经命令自己奉行的事情。

⑩容观：仪容，风度。

⑪玉声：佩玉之声和缓中节。

⑫乃：方，才。

【原文】

《曲礼》曰：凡为君使者，已受命，君言不宿于家[①]。君言至，则主人出拜君言之辱[②]。使者归，则必拜送于门外。若使人于君所，则必朝服而命之[③]。使者反[④]，则必下堂而受命。

【注释】

①君言不宿于家：接受君命后，不能在家耽搁停留。

②君言之辱：谦词，指自己不配跟君王说话。

③朝服而命之：穿上朝服以后，才指派人行事。此为敬重国君。

④反：通“返”，回来。

【原文】

《论语》曰：君召使摈[①]，色勃[②]如也，足躩[③]如也。揖[④]所与立，左右手，衣前后，襜如[⑤]也。趋进，翼如[⑥]也。宾退，必复命曰：“宾不顾[⑦]矣。”

【注释】

①摈（bìn）：通“傧”，接待宾客。

②勃：神色变得凝重，庄严。

③躩（jué）：疾行，快步走。

④揖（yī）：行拱手礼。

⑤襜（chān）如：礼服整齐的样子。

⑥翼如：张开手臂做拱手状，像鸟张开翅膀。

⑦顾：回头，回顾。

【原文】

《礼记》曰：君赐车马，乘以拜赐；衣服，服以拜赐。君未有命，弗[1]敢即乘服也。

【注释】

①弗（fú）："不"的同源字。

【原文】

《论语》曰：君赐食，必正席先尝之。君赐腥[1]，必熟而荐[2]之。君赐生，必畜[3]之。

【注释】

①腥：生肉。

②荐：献，进。

③畜（xù）：养。

【原文】

君命召，不俟[1]驾行矣。

【注释】

①俟（sì）：等待。

【原文】

孔子曰：君子事君，进[1]思尽忠，退[2]思补过，将顺其美，匡[3]救其恶，故上下能相亲。

【注释】

①进：进见君主。

②退：退朝居于家。

③匡：纠正。

【原文】

君使臣以礼，臣事[1]君以忠。

【注释】

①事：侍奉。

大臣以道事君，不可则止。

【原文】

大臣以道事君，不可则止[①]。

【注释】

①止：停止侍奉君王。

【原文】

子路[①]问事君，子[②]曰："勿欺也，而犯[③]之。"

【注释】

①子路：仲由，字子路，春秋时鲁国人，孔子弟子。

②子：孔子。

③犯：冒犯，触犯，此处指不怕冒犯君王而规劝。

【原文】

鄙夫[①]可与事君也与哉[②]？其未得之也，患得之。既得之，患失之。苟[③]患失之，无所不至[④]矣。

【注释】

①鄙夫：卑鄙浅薄、庸俗不正的人。

②与（yú）哉：语气助词。

③苟：假如，如果。

④无所不至：任何事都干得出来。

【原文】

孟子曰：责难[①]于君谓之恭，陈善闭邪[②]谓之敬，吾君不能谓之贼。

【注释】

①责难：要求他人做难做的事情。

②陈善闭邪：陈述善道，禁闭邪心。

【原文】

有官守[①]者，不得其职，则去；有言责[②]者，不得其言，则去。

【注释】

①官守：官位职责。

②言责：以向君王进言为责任。

【原文】

夫妇之别

《士昏礼》曰：父醮[①]子，命之曰："往迎尔相[②]，承我宗事[③]，勖[④]帅[⑤]以敬，先妣[⑥]之嗣。若[⑦]则有常。"子曰："诺。唯恐弗堪[⑧]，不敢忘命。"父送女，命之曰："戒之敬之，夙夜无违命！"母施衿[⑨]结帨[⑩]，曰："勉之敬之，夙夜无违宫事[⑪]。"庶母[⑫]及门内施鞶[⑬]，申[⑭]之以父母之命，命之曰："敬恭听，宗[⑮]尔父母之言。夙夜无愆[⑯]，视诸衿鞶！"

【注释】

①醮（jiào）：婚礼时举行的一种仪节，以酒祭神。

②相：助，妻助夫，所以妻称"相"。

③宗事：宗庙之事。

④勖（xù）：勉励。

⑤帅：提倡，引导。

⑥先妣（bǐ）：亡母。此处指祖母和祖母辈以上的女性祖先。

⑦若：你。

⑧堪：能。

⑨衿（jīn）：又作“襟”，衣带，衣服的交领。

⑩帨（shuì）：佩巾。

⑪宫事：闺房之事，家内之事。

⑫庶母：父亲的妾。

⑬鞶（pán）：束衣的大带，男用革，女用丝。

⑭申：重申。

⑮宗：遵从，尊崇。

⑯愆（qiān）：过错，过失。

【原文】

孔子曰：妇人，伏[①]于人也，是故无专制之义，有三从[②]之道。在家从父，适[③]人从夫，夫死从子，无所敢自遂[④]也。教令不出闺门，事在馈食[⑤]之间而已矣。是故女及日[⑥]乎闺门之内，不百里而奔丧。事无擅[⑦]为，行无独成[⑧]。参知[⑨]而后动，可验而后言。昼不游庭[⑩]，夜行以火，所以正妇德也。女有五不取[⑪]：逆家子不取，乱家子不取，世有刑人[⑫]不取，世有恶疾不取，丧父长子[⑬]不取。妇有七去[⑭]：不顺父母，去；无子，去；淫，去；妒，去；有恶疾，去；多言，去；窃盗，去。有三不去：有所取，无所归[⑮]，不去；与更[⑯]三年丧，不去；前贫贱，后富贵，不去。凡此，圣人所以顺男女之际，重昏姻之始也。

【注释】

①伏：屈，服从。

②三从：即下文所言从父、从夫、从子。

③适：嫁。

④自遂：自专，自作主张。

⑤馈（kuì）食：供奉酒食。

⑥及日：整日，终日。

⑦擅（shàn）：任意。

⑧行无独成：行为不独立于男子。

⑨参知：禀告使知道，引申为众人皆知。

⑩庭：中庭。

⑪取：同“娶”。

⑫刑人：犯法的人，受刑的人。

⑬长子：此处指长女。

⑭去：休妻，并令其回娘家。

⑮有所取，无所归：将女子娶进家门时，女子有父亲有兄长，受过良好的妇德教育，而休妻时，女子的父亲与兄长已经去世，女子再无依靠。

⑯与更（yù gēng）：参与经历。

【原文】

长幼之序

孟子曰：孩提[①]之童，无不知爱其亲也；及其长也，无不知敬其兄也。

【注释】

①孩提：在襁褓之中会笑且可以提抱的孩子。

【原文】

徐行[①]后长者谓之弟。疾行先长者谓之不弟。

【注释】

①徐行：慢走。

【原文】

《曲礼》曰：见父之执[1]，不谓之进不敢进，不谓之退不敢退，不问不敢对。

【注释】

①父之执：父亲的朋友。执，好友，至交。

【原文】

年长以倍[1]则父事之[2]，十年以长则兄事之，五年以长则肩随[3]之。

【注释】

①年长以倍：大二十岁。

②父事之：以侍奉父亲的礼节来侍奉他。

③肩随：并行而稍稍落后一点。

【原文】

谋于长者，必操[1]几[2]杖以从之。长者问，不辞让[3]而对，非礼也。

【注释】

①操：持，拿。

②几（jī）：几案，可供人凭靠。

③辞让：推辞，谦让。

【原文】

从[1]于先生，不越路[2]而与人言。遭[3]先生于道，趋而进，正立拱手。先生与之言则对，不与之言则趋而退。从长者而上丘陵，则必乡[4]长者所视。

【注释】

①从：跟随。

②越路：离开原路而走到路旁去。

③遭：遇到，碰到。

④乡（xiàng）：通“向”，面向，朝向。

【原文】

长者与之提携[①]，则两手奉[②]长者之手。负剑辟咡[③]诏之，则掩口而对。

【注释】

①提携：牵手，扶持而行。

②奉（pěng）：通“捧”，捧着。

③辟咡（èr）：侧着头在耳边说话。辟，偏，侧。

【原文】

凡为长者粪之礼，必加帚[①]于箕[②]上，以袂[③]拘[④]而退，其尘不及长者，以箕自乡而扱[⑤]之。

【注释】

①帚：扫帚。

②箕（jī）：盛东西的用具，此处引申为清除垃圾的用具。

③袂（mèi）：衣袖。

④拘：遮，障。

⑤扱（xī）：收取。

【原文】

将即[①]席，容毋怍[②]。两手抠衣[③]，去齐[④]尺。衣毋拨，足毋蹶[⑤]。先生书策、琴瑟在前，坐而迁之，戒勿越。坐必安，执尔颜[⑥]。长者不及[⑦]，毋儳言[⑧]。正尔

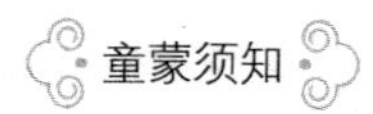

容，听必恭，毋剿说[⑨]，毋雷同[⑩]。必则古昔，称先王。

【注释】

①即：靠近，就。

②怍（zuò）：因惭愧脸色有所改变。

③抠（kōu）衣：提起衣裳。

④齐（zī）：衣服的下摆。

⑤蹶（jué）：疾行，疾走。

⑥执尔颜：使你的脸色保持正常。

⑦不及：没有说到，没有提及。

⑧儳（chán）言：别人的话未讲完，就从中插话。

⑨剿（chāo）说：照搬别人的话当作自己的话。

⑩雷同：附和别人的话。

【原文】

侍坐[①]于先生，先生问焉，终则对。请业[②]则起，请益[③]则起。

【注释】

①侍坐：陪伴尊者或长者坐。

②请业：请教学业上的问题。

③请益：继续问未尽的问题。

【原文】

尊客之前不叱[①]狗，让食不唾[②]。侍坐于君子，君子欠伸[③]，撰[④]杖屦，视日蚤莫[⑤]，侍坐者请出矣。

【注释】

①叱（chì）：呵斥。

②唾（tuò）：吐口水。

③欠伸：打哈欠，伸懒腰。

④撰（zhuàn）：持，拿，转动。

⑤蚤莫（zǎo mù）：早晚。蚤，通“早”。莫，通“暮”。

【原文】

侍坐于君子，君子问更端①，则起而对。

【注释】

①更端：更易事端，指别的事。

【原文】

侍坐于君子，若有告者曰：“少间①，愿有复也。”则左右②屏③而待。

【注释】

①少间：稍有空隙，等一会儿。

②左右：身边的人。

③屏（bǐng）：退避。

【原文】

长者赐，少者、贱者①不敢辞。

【注释】

①贱者：仆隶之类的人。

【原文】

御①同于长者，虽贰②不辞。偶坐③不辞。

【注释】

①御：侍奉。

②贰：这里表示丰盛的宴席。

③偶坐：陪坐，配坐。

【原文】

侍于君子，不顾望[1]而对，非礼也。

【注释】

①顾望：观望，看周围。

【原文】

《少仪》曰：尊长于己逾等[1]，不敢问其年。燕见[2]不将命[3]。遇于道，见则面[4]。不请所之[5]。侍坐，弗使不执[6]琴瑟。不画地，手无容[7]，不翣[8]也。寝则坐而将命。侍射则约矢[9]，侍投则拥矢[10]。胜则洗[11]而以请[12]。

【注释】

①逾（yú）等：超过一个等级，此处指长辈。

②燕见：私访，私下见面。

③将命：传命，传达主人和客人的话。

④见则面：长辈愿意见面，才能去见。

⑤不请所之：不问长者到什么地方去。

⑥执：拿起。

⑦手无容：不玩弄手指。

⑧翣（shà）：扇扇子。

⑨约矢：每次拿好规定的四支箭。

⑩拥矢：抱着四支箭。

⑪洗：洗好饮酒的用具。

⑫请：邀请长者饮酒。

【原文】

《王制》曰：父之齿[1]随行，兄之齿雁行[2]，朋友不相逾[3]。轻任[4]并[5]，重任分，斑白[6]者不提挈[7]。君子耆老[8]不徒行[9]，庶人耆老不徒食[10]。

【注释】

①齿：年齿，年龄。

②雁行：并列而稍后行走。

③逾：超越，越过。

④任：负担，背着。

⑤并：全部。

⑥斑白：头发黑白间杂，指年老者。

⑦提挈（qiè）：提拿东西。

⑧耆（qí）老：古代六十岁叫耆，七十岁叫老。

⑨徒行：徒步行走。

⑩徒食：只吃白饭而不吃肉。

【原文】

《论语》曰：乡人饮酒，杖者[1]出，斯[2]出矣。

【注释】

①杖者：拄拐杖的人，代指年老者。

②斯：才，于是。

【原文】

朋友之交

曾子曰：君子以文会友，以友辅[1]仁。

【注释】

①辅：帮助。

【原文】

孔子曰：朋友切切[1]偲偲[2]，兄弟怡怡[3]。

君子以文会友，以友辅仁。

【注释】

①切切：恳切。

②偲偲（cāi cāi）：互相勉励督促。

③怡怡（yí yí）：和悦，和顺。

【原文】

孟子曰：责善[①]，朋友之道也。

【注释】

①责善：劝勉为善。责，劝勉，要求。

【原文】

子贡[①]问友，孔子曰："忠告而善道[②]之，不可则止[③]，无自辱[④]焉。"

【注释】

①子贡：端木赐，字子贡，春秋时卫国人，孔子弟子。

②善道（dǎo）：以委婉的方式引导。道，通"导"，引导。

③止：终止，停止。

④自辱：自讨侮辱，自讨没趣。

【原文】

益者三友，损[①]者三友。友直、友谅[②]、友多闻，益矣；友便辟[③]、友善柔[④]、友便佞[⑤]，损矣。

【注释】

①损：伤害，有害。

②谅：诚信，诚实。

③便（pián）辟：精通礼仪而不正直，善于逢迎谄媚。

④善柔：善于谄媚而不守信。

⑤便（pián）佞：善于言辞却缺乏见识。

【原文】

孟子曰：不挟[①]长，不挟贵，不挟兄弟而友。友也者，友其德也，不可以有挟也。

【注释】

①挟（xié）：倚仗，恃以自重。

【原文】

《曲礼》曰：君子不尽人之欢[①]，不竭人之忠[②]，以全[③]交也。

【注释】

①欢：指别人对我有好感。

②忠：指别人对我尽心。

③全：保全。

【原文】

主人不问，客不先举[①]。

【注释】

①举：说话。

【原文】

通论

孔子曰：君子之事亲孝，故忠可移于君；事兄弟[①]，故顺[②]可移于长；居家理，故治可移于官。是以行成于内[③]，而名立于后世矣。

【注释】

①弟（tì）：通“悌”，弟顺从兄。

②顺：顺从，依照。

③内：家里。

【原文】

《礼记》曰：事亲有隐[1]而无犯[2]，左右[3]就养[4]无方[5]，服勤[6]至死，致丧[7]三年。事君有犯而无隐，左右就养有方，服勤至死，方丧[8]三年。事师无犯无隐，左右就养无方，服勤至死，心丧[9]三年。

【注释】

①隐：微言劝谏，规劝。

②犯：冒犯，犯颜直谏，冒尊长之威严而规劝。

③左右：在身旁。

④就养：奉养，伺候。

⑤无方：没有固定的处所。

⑥服勤：尽心侍奉。

⑦致丧：极尽悲伤之情处理丧事。

⑧方丧：如同亲丧一样。方，如同。

⑨心丧：心有哀痛之情，但不穿丧服。

【原文】

晏子[1]曰：君令[2]臣共[3]，父慈子孝，兄爱弟敬，夫和妻柔，姑[4]慈妇[5]听，礼也。君令而不违，臣共而不二，父慈而教，子孝而箴[6]，兄爱而友，弟敬而顺，夫和而义，妻柔而正，姑慈而从，妇听而婉[7]，礼之善物[8]也。

【注释】

①晏子：姓晏，名婴，字仲，谥平，后多称之为平仲，春秋时齐国大夫，著名的政治家、思想家、外交家。

②君令：君王发布命令。

③共：通“恭”，恭敬。

④姑：婆婆。

⑤妇：媳妇。

⑥箴（zhēn）：规谏，劝诫。

⑦婉：和顺，柔顺。

⑧善物：美好的事。

【原文】

曾子曰：亲戚[①]不说[②]，不敢外交[③]；近者不亲，不敢求远[④]；小者不审，不敢言大。故人之生也，百岁之中，有疾病焉，有老幼焉，故君子思其不可复者[⑤]而先施焉。亲戚既没，虽欲孝，谁为孝[⑥]？年既耆艾[⑦]，虽欲悌，谁为悌？故孝有不及，悌有不时[⑧]，其此之谓欤。

【注释】

①亲戚：父母和兄长。

②说（yuè）：通“悦”，高兴。

③外交：与家以外的人交往。

④求远：与外人密切交往。

⑤不可复者：无法返回的。

⑥谁为孝：孝敬谁。

⑦耆（qí）艾：年迈，年老。

⑧不时：没有机会。

【原文】

官怠于宦成[①]，病加于小愈[②]，祸生于懈惰[③]，孝衰于妻子。察此四者，慎终如始。《诗》云：“靡[④]不有初，鲜[⑤]克[⑥]有终。”

【注释】

①宦（huàn）成：官居高位，做大官。

②小愈：疾病稍好，稍减。

③懈（xiè）惰：松弛，懒惰。

④靡（mǐ）：没有。

⑤鲜（xiǎn）：少。

⑥克：能够。

【原文】

荀子[①]曰：人有三不祥。幼而不肯事长，贱而不肯事贵，不肖[②]而不肯事贤，是人之三不祥也。

【注释】

①荀子：荀况，战国时赵国人，著有《荀子》一书。

②不肖：不才，没有才德。

【原文】

无用[①]之辩，不急之察，弃而不治[②]。若夫君臣之义，父子之亲，夫妇之别，则日切磋[③]而不舍[④]也。

【注释】

①无用：不具实用价值。

②治：治理，钻研。

③切磋（cuō）：相互研讨勉励。

④舍：放弃，停止。

敬身第三

【题解】

所谓"敬身"，即是以恭敬之姿态持守自身。这一部分由"心术""威仪""衣服""饮食"组成，分别讲述端正内心之要、端正外表之则、注重仪容之礼、抑制口欲之规。"心术"与"威仪"是敬身的主旨，"衣服"与"饮食"则用以奉养身体。此四者共同构成修养身心的方方面面。

【原文】

孔子曰："君子无不敬也，敬身为大。身也者，亲之枝也[①]，敢不敬与？不能敬其身，是伤其亲；伤其亲，是伤其本；伤其本，枝从而亡。"仰[②]圣模，景贤范，述此篇以训[③]蒙士。

【注释】

①身也者，亲之枝也：子辈的身体是从父母的根本上长出来的枝节。

②仰：敬仰，仰慕。

③训：教育。

【原文】

心术之要

《丹书》[①]曰：敬胜怠者吉，怠胜敬者灭。义[②]胜欲者从，欲胜义者凶[3]。

【注释】

①《丹书》：由朱笔书写而成，内容是约束君主之言。

②义：至公的天理。

③凶：灾祸。

【原文】

《曲礼》曰：毋不敬，俨[1]若思，安定辞[2]，安民哉。敖[3]不可长，欲不可从[4]，志不可满，乐不可极。贤者狎[5]而敬之，畏而爱之。爱而知其恶，憎而知其善。积而能散，安安[6]而能迁。临[7]财毋苟得，临难毋苟免[8]，狠[9]毋求胜，分毋求多。疑事毋质[10]，直而勿有。

【注释】

①俨（yǎn）：端正，端庄。

②安定辞：所说之语准确且安详。

③敖（ào）：通“傲”，傲慢，骄傲。

④从（zòng）：通“纵”，放纵，放肆。

⑤狎（xiá）：亲近。

⑥安安：安于安乐欢喜的事物。

⑦临：面对。

⑧免：逃避。

⑨狠：争执。

⑩质：证实。

【原文】

孔子曰：非礼[1]勿视，非礼勿听，非礼勿言，非礼勿动。

【注释】

①非礼：不符合礼仪。

【原文】

出门如见大宾[①]，使民如承大祭[②]。己所不欲，勿施于人。

【注释】

①大宾：尊贵的宾客。

②大祭：重大的祭祀活动。

【原文】

居处[①]恭，执事敬，与人忠，虽之夷狄[②]，不可弃也。

【注释】

①居处：平时处世。

②夷狄：古时对少数民族的称呼。

【原文】

言忠信，行笃[①]敬，虽蛮貊[②]之邦行矣。言不忠信，行不笃敬，虽州里[③]行乎哉？

【注释】

①笃（dǔ）：厚实，厚重。

②蛮貊（mò）：蛮指南方的少数民族。貊指北方的少数民族。

③州里：此处指家乡。

【原文】

君子有九思：视思明，听思聪，色思温，貌思恭，言思忠，事思敬，疑思问，忿[①]思难[②]，见得[③]思义。

言忠信，行笃敬，虽蛮貊之邦行矣。

【注释】

①忿（fèn）：动怒，发怒。

②难（nàn）：灾祸，祸患。

③见得：面对所得利益。

【原文】

曾子曰：君子所贵[①]乎道者三：动容貌，斯远暴慢[②]矣；正颜色，斯近信矣；出辞气[③]，斯远鄙[④]倍[⑤]矣。

【注释】

①贵：重视，看重。

②暴慢：粗暴放肆。

③辞气：语言，语气。

④鄙：鄙陋低俗。

⑤倍：通“背”，违背。

【原文】

《曲礼》曰：礼不逾节[①]，不侵侮[②]，不好狎[③]，修身践言[④]，谓之善行。

【注释】

①逾节：跨越等级界限。

②侵侮（wǔ）：侵犯欺侮。

③好狎：亲昵而显得不庄重。

④践言：履行诺言。

【原文】

《乐记》曰：君子奸声[①]乱色[②]，不留聪明[③]；淫乐慝礼[④]，不接心术[⑤]；惰慢邪辟[⑥]之气，不设于身体。使耳目鼻口心知[⑦]百体[⑧]，皆由顺正，以行其义。

【注释】

①奸声：奸邪之声。

②乱色：秽乱之色。

③聪明：耳目。

④慝（tè）礼：违背礼仪的举动。

⑤心术：心灵，内心。

⑥邪辟（pì）：邪恶乖僻。辟，通“僻”，乖僻。

⑦心知（zhì）：心思智慧。知，通“智”，智慧。

⑧百体：身体的各个部分。

【原文】

孔子曰：君子食无求饱，居无求安。敏[①]于事而慎于言，就有道[②]而正[③]焉。可谓好学也已。

【注释】

①敏：勤快，勤勉。

②有道：遵行礼法之人。

③正：请求纠正，指教。

【原文】

管敬仲[①]曰：畏威[②]如疾，民之上也。从怀[③]如流[④]，民之下也。见怀思威，民之中也。

【注释】

①管敬仲：管夷吾，字仲，春秋时齐国人。

②威：刑法。

③怀：贪欲，欲望。

④流：水由上往下流。

【原文】

威仪之则

《冠义》曰：凡人之所以为人者，礼义[1]也。礼义之始，在于正容体[2]，齐颜色[3]，顺辞令[4]。容体正，颜色齐，辞令顺，而后礼义备[5]，以正君臣，亲父子，和长幼。君臣正，父子亲，长幼和，而后礼义立[6]。

【注释】

①礼义：礼仪法则。

②正容体：使容貌姿态端正。

③齐颜色：使脸色表情恰当。

④顺辞令：使言语和顺谦逊。

⑤备：齐备，具备。

⑥立：确立。

【原文】

《曲礼》曰：毋侧听[1]，毋噭应[2]，毋淫视[3]，毋怠荒[4]。游毋倨[5]，立毋跛[6]，坐毋箕[7]，寝毋伏。敛发毋髢[8]，冠毋免[9]。劳毋袒[10]，暑毋褰裳[11]。

【注释】

①侧听：侧耳探听，偷听。

②噭（jiào）应：高声答应。

③淫视：目光四处游动，不正视。

④怠（dài）荒：举止形态怠惰放纵。

⑤倨（jù）：傲慢无礼。

⑥跛（bǒ）：站立不稳，身体偏于一侧。

⑦箕（jī）：这里指箕坐，展开两足如箕形那样坐着。

⑧髢（dí）：头发散落垂下。

⑨免：脱下，摘下。

⑩袒（tǎn）：敞开衣服，露出身体。

⑪褰（qiān）裳：用手提起衣裳。

【原文】

登城不指[①]，城上不呼[②]。将适舍[③]，求无固[④]。将上堂，声必扬。户外有二屦[⑤]，言闻则入，言不闻则不入。将入户[⑥]，视必下。入户奉扃[⑦]，视瞻[⑧]毋回。户开亦开，户阖[⑨]亦阖。有后入者，阖而勿遂[⑩]。毋践屦，毋踖[⑪]席，抠衣[⑫]趋隅[⑬]，必慎唯诺[⑭]。

【注释】

①不指：不指指点点。

②不呼：不高声呼叫。

③适舍：到主人家里。

④固：固执，坚决。

⑤屦（jù）：鞋子。

⑥户：单扇的门。

⑦扃（jiōng）：门栓。

⑧视瞻（zhān）：看。

⑨阖（hé）：关闭。

⑩遂：关门。

⑪踖（jí）：越过，跨过。

⑫抠（kōu）衣：提起衣裳。

⑬趋隅（yú）：快步走至席子一角。

⑭唯诺：应答。

【原文】

《礼记》曰：君子之容舒迟[①]。见所尊者齐遬[②]。足容重，手容恭，目容端，口容止[③]，声容静[④]，头容直，气容肃，立容德，色容庄。

【注释】

①舒迟：舒缓迟顿。

②齐遬（sù）：谨饬而不放肆。

③止：不妄自言笑。

④静：不咳嗽吐痰。

【原文】

《曲礼》曰：坐如尸[①]，立如齐[②]。

【注释】

①尸：古代祭祀时，祭祀之人代替受祭之人，尸居神位，必须庄重矜持。

②齐（zhāi）：通“斋”，祭祀时，祭者的态度必须恭敬。

【原文】

《少仪》曰：不窥密[①]，不旁狎，不道旧故[②]，不戏色。毋拔[③]来，毋报[④]往。毋渎[⑤]神，毋循枉[⑥]，毋测未至[⑦]。毋訾[⑧]衣服成器，毋身质言语[⑨]。

【注释】

①窥密：窥探他人隐秘之事。

②不道旧故：不随意谈论朋友的过失。

③拔：迅速，迅疾。

④报（fù）：通“赴”，急速。

⑤渎（dú）：亵渎辱慢。

⑥枉：过错，过失。

⑦测未至：妄自预测未来之事。

⑧訾（zǐ）：非议，诽谤。

⑨言语：毫无根据的流言。

【原文】

《论语》曰：车中不内顾[①]，不疾言，不亲指[②]。

【注释】

①内顾：回头张望。

②亲指：随意乱指。

【原文】

《曲礼》曰：凡视，上于面则敖[①]，下于带则忧，倾则奸[②]。

【注释】

①敖（ào）：通“傲”，详见《敬身第三》“敖不可长”。

②奸：心术不正。

【原文】

《论语》曰：孔子于乡党[①]，恂恂[②]如也，似不能言者。其在宗庙[③]朝廷[④]，便便[⑤]言，唯谨[⑥]尔。朝与下大夫言，侃侃[⑦]如也。与上大夫言，訚訚[⑧]如也。

【注释】

①乡党：此处指家乡。

②恂恂（xún xún）：温顺恭敬的样子。

③宗庙：古代君主、诸侯祭祀祖先的庙宇。

④朝廷：古代君主接受朝见、处理政务的地方。

⑤便便（pián pián）：善于言辞，明辨是非。

⑥谨：谨慎而不放肆。

⑦侃侃（kǎn kǎn）：说话时刚正和乐的样子。

⑧訚訚（yín yín）：说话时和乐且明辨是非的样子。

【原文】

孔子食不语，寝[①]不言。

【注释】

①寝：睡，卧。

【原文】

《士相见礼》曰：与君言，言使臣。与大人[①]言，言事君。与老者言，言使弟子。与幼者言，言孝弟于父兄。与众言，言忠信慈祥。与居官者[②]言，言忠信。

【注释】

①大人：指卿大夫。

②居官者：士及庶人中担任官职的人。

【原文】

《论语》曰：席[①]不正不坐。

【注释】

①席：座席。

【原文】

子见齐衰[①]者，虽狎必变[②]；见冕者[③]与瞽者[④]，虽亵[⑤]必以貌[⑥]。凶服[⑦]者式之，式负版者[⑧]。

【注释】

①齐衰（zī cuī）：孝服，丧服。

②变：脸色改变。

③冕（miǎn）者：头戴礼帽之人。古时天子、诸侯和卿大夫皆戴礼帽。

④瞽（gǔ）者：盲人。

⑤亵（xiè）：熟悉。

⑥貌：指合乎礼仪的仪容。

⑦凶服：丧服。

⑧式负版者：手扶车前横木向背负国家图籍的人行礼。式，通“轼”，车前用于扶手的横木。此处指尊重长者或地位高的人的一种礼节。

【原文】

《论语》曰：寝不尸[①]，居不容[②]。

【注释】

①尸：仰面而躺，如同尸体一样。

②居不容：居家时，不必把精力放在自己的仪容仪表上。

【原文】

子之燕居[①]，申申[②]如也，夭夭[③]如也。

【注释】

①燕居：闲居，退朝而居。

②申申：容貌舒展和乐。

③夭夭：脸上有欢愉之色。

【原文】

《曲礼》曰：并坐[①]不横肱[②]，授立不跪，授坐不立。

【注释】

①并坐：并排而坐。

②肱（gōng）：手臂，胳膊。

【原文】

入国[①]不驰[②]，入里[③]必式[④]。

【注释】

①国：国都。

②驰：骑马或乘车奔驰。

③里：里巷。

④式：通“轼”，详见“式负版者”注释。

【原文】

《少仪》曰：执虚[①]如执盈[②]，入虚[③]如有人。

【注释】

①虚：空的器具。

②盈：装满东西的器具。

③虚：空房间。

【原文】

衣服之制

《士冠礼》：始加[①]，祝曰：“令月[②]吉日，始加元服[③]。弃尔幼志[④]，顺尔成德[⑤]，寿考[⑥]维祺[⑦]，介[⑧]尔景福。”再加[⑨]，曰：“吉月令辰，乃申[⑩]尔服。敬尔威仪，淑[⑪]慎尔德。眉寿[⑫]万年，永受胡[⑬]福。”三加[⑭]，曰：“以岁之正，以月之令，咸加尔服。兄弟具在，以成厥德[⑮]。黄耇[⑯]无疆，受天之庆。”

【注释】

①始加：第一次加緇布冠。

②令月：吉月。

③元服：指冠。古时称行冠礼为加元服。元，首、头。

④幼志：幼年时幼稚嬉戏之心。

⑤顺（shèn）尔成德：谨慎修养你长大成人的美德。

⑥寿考：长寿。

⑦维祺：美好，吉祥。

⑧介：大。

⑨再加：第二次加皮弁。

⑩申：重。

⑪淑：美好，贤淑。

⑫眉寿：长寿。

⑬胡：无穷，无限。

⑭三加：第三次加爵弁。

⑮厥（jué）德：此处指长大成人的美德。

⑯黄耇（gǒu）：长寿。

【原文】

《曲礼》曰：为人子者，父母存，冠衣不纯[①]素[②]，孤子[③]当室[④]，冠衣不纯采[⑤]。

【注释】

①纯（zhǔn）：指头冠和衣服的镶边。

②素：白。

③孤子：古时三十岁以下无父之人称为孤。

士志于道而耻恶衣恶食者，未足与议也。

④当室：主持家事。

⑤采：彩色。

【原文】

《礼记》曰：童子不裘[1]，不帛[2]，不屦绚[3]。

【注释】

①不裘：不穿裘皮大衣。

②不帛：不穿丝帛质地的衣服。

③不屦绚（jù qú）：不穿鞋头有装饰的鞋子。

【原文】

孔子曰：士志于道[1]而耻恶衣恶食[2]者，未足与议也。

【注释】

①志于道：立志追求圣贤之道。

②恶衣恶食：穿不好，吃不好。

【原文】

饮食之节

《曲礼》曰：共食不饱，共饭[1]不泽手[2]。毋抟饭[3]，毋放[4]饭，毋流歠[5]。毋咤[6]食，毋啮[7]骨，毋反鱼肉，毋投与狗骨，毋固获[8]，毋扬饭[9]。饭黍毋以箸。毋嚃[10]羹，毋絮羹[11]，毋刺齿[12]，毋歠醢[13]。客絮羹，主人辞不能亨。客歠醢，主人辞以窭[14]。濡[15]肉齿决，干肉不齿决[16]。毋嘬[17]炙[18]。

【注释】

①共饭：吃饭时用同一个食器取饭。

②泽手：搓手。因古时吃饭不用筷子，而是用手抓，所以搓手会让人有种不洁净之感。

③抟（tuán）饭：将饭捏成饭团。

④放：毫无节制。

⑤流歠（chuò）：开口大饮。

⑥咤（zhà）：吃饭时口中发出声音。

⑦啮（niè）：啃，咬。

⑧固获：只取一种固定的食物。

⑨扬饭：挥手扬去饭的热气。

⑩嚃（tà）：不细细嚼，如囫囵吞枣那样咽下。

⑪絮羹：在羹汤里加调味品重新调味。

⑫刺齿：剔牙。

⑬醢（hǎi）：肉酱。

⑭窭（jù）：简陋，贫寒。

⑮濡（rú）：湿润，浸润。

⑯不齿决：不用牙齿咬断，而是用两手撕开。

⑰嘬（zuō）：一口吞下。

⑱炙（zhì）：烤肉。

【原文】

《少仪》曰：燕[①]侍食于君子，则先饭[②]而后已[③]。毋放饭[④]，毋流歠，小饭[⑤]而亟[⑥]之。数噍[⑦]，毋为口容[⑧]。

【注释】

①燕：通“宴”，宴饮，宴席。

②先饭：先替君子尝饭。

③后己：君子吃完饭以后，自己才能吃。

④放饭：毫无节制地吃。

⑤小饭：小口地吃饭。

⑥亟（jí）：快速下咽。

⑦噍（jiào）：咀嚼。

⑧口容：进食时口的形状，如鼓腮、咂嘴等。

【原文】

《礼记》曰：君无故[①]不杀牛，大夫无故不杀羊，士无故不杀犬豕[②]。君子远庖[③]厨[④]。凡有血气[⑤]之类，弗身[⑥]践[⑦]也。

【注释】

①无故：此处指不接待宾客，没有祭祀活动。

②豕（shǐ）：猪。

③庖（páo）：宰杀动物的场所。

④厨：烹饪的场所。

⑤血气：此处指动物。

⑥身：亲自，躬身。

⑦践：宰杀。

【原文】

《乐记》曰：豢豕[①]为酒[②]，非以为祸也，而狱讼[③]益繁，则酒之流[④]生祸也。是故先王因为酒礼[⑤]，一献[⑥]之礼，宾主百拜，终日饮酒而不得醉焉，此先王之所以备酒祸也。

【注释】

①豢豕（huàn shǐ）：养猪。

②为酒：酿酒。

③狱讼：讼案，讼事。

④流：过分，过度。

⑤因为酒礼：于是制定了饮酒的礼仪。

⑥一献：古时祭祀或宴饮时进酒一次，就是一献。

【原文】

孟子曰：饮食之人[①]则人贱[②]之矣，为其养小[③]以失大[④]也。

【注释】

①饮食之人：享受口腹之欲的人。

②贱：看轻，看不起。

③小：此处指口腹。

④大：此处指心志，志气。

稽古第四

【题解】

所谓“稽古”，即考察古代事迹。这部分考察了虞朝、夏朝、商朝、周朝圣贤的事迹，以此来充实和证明“立教”“明伦”“敬身”中所说的道理。

【原文】

孟子道性善[①]，言必称尧、舜[②]。其言曰：“舜为法于天下，可传于后世。我犹未免为乡人[③]也，是[④]则可忧也。忧之如何？如舜而已矣[⑤]。”摭往行[⑥]，实[⑦]前言[⑧]，述此篇使读者有所兴起。

【注释】

①性善：人之本性是美好的。

②尧、舜：传说中远古时代两位圣贤的帝王。

③乡人：平常人。

④是：这。

⑤而已矣：罢了。语气助词。

⑥摭（zhí）往行：选取先贤的德行。

⑦实：充实，证实。

⑧前言：先人的言论。

【原文】

立教

太任，文王[1]之母，挚[2]任氏之中女[3]也，王季[4]娶以为妃[5]。太任之性，端一诚庄[6]，维[7]德之行。及其娠[8]文王，目不视恶色[9]，耳不听淫声，口不出敖[10]言。生文王而明圣[11]，太任教之以一而识百，卒为周宗[12]。君子谓太任为能胎教[13]。

【注释】

①文王：周文王，姓姬名昌，西周的奠基者。

②挚：国名。

③中女：次女。

④王季：亦称季历，周文王的父亲。

⑤妃：此处引申为太子、王侯之妻。

⑥诚庄：真诚庄重。

⑦维：通“唯”，唯独。

⑧娠（shēn）：怀孕。

⑨恶色：邪恶之事。

⑩敖：通“傲”，详见《敬身之三》“敖不可长”。

⑪明圣：明达圣哲。

⑫周宗：周朝接受天命的君主，即开国君主。

⑬胎教：孕妇言行谨慎，给胎儿以良好的影响。

【原文】

孟轲之母，其舍近墓。孟子之少也，嬉戏为墓间之事[1]，踊跃[2]筑埋[3]。孟母曰：“此非所以居子[4]也。”乃去。舍市[5]，其嬉戏为贾衒[6]。孟母曰："此非所以居子也。"乃徙[7]。舍学宫[8]之旁，其嬉戏乃设俎豆[9]，揖让进退。孟母曰："此真可以居子矣。"遂居之。孟子幼时问东家杀猪何为，母曰："欲啖[10]汝。"既而[11]悔曰："吾闻古有胎教，今适有知[12]而欺之，是教之不信。"乃买猪肉以食之。既长就学[13]，遂成大儒[14]。

【注释】

①墓间之事：办理丧事。

②踊跃：跳跃着号啕大哭。

③筑埋：筑造坟墓埋葬。

④居子：让孩子居住的地方。

⑤舍市：所住之地靠近集市。

⑥贾衒（gǔ xuàn）：做生意，做买卖。贾指坐商。衒指沿街叫卖的小贩。

⑦徙（xǐ）：迁走，迁移。

⑧学宫：学校。

⑨俎（zǔ）豆：宴会、祭祀时所用的礼器。俎用来盛肉，豆用来盛食物。

⑩啖（dàn）：吃或给人吃。

⑪既而：不一会儿。

⑫适有知：刚刚知道的事情。

⑬就学：从师学习。

⑭大儒：儒家大师。

【原文】

孔子尝独立[1]，鲤[2]趋而过庭，曰："学《诗》

乎？”对曰：“未也。”“不学《诗》，无以言。”鲤退而学《诗》。他日[3]又独立，鲤趋而过庭，曰：“学《礼》乎？”对曰：“未也。” “不学《礼》，无以立。”鲤退而学《礼》。

【注释】

①独立：独自一人站立。

②鲤：孔鲤，字伯鱼，孔子之子。

③他日：另一天，又一天。

【原文】

孔子谓伯鱼[1]曰：“女[2]为[3]《周南》《召南》矣乎？人而不为《周南》《召南》，其犹正墙面而立[4]也与！”

【注释】

①伯鱼：孔鲤，孔子之子。

②女（rǔ）：通“汝”，你。

③为：学习。

④正墙面而立：面对墙壁站立。

【原文】

明伦

文王有疾，武王[1]不说[2]冠带而养。文王一饭，亦一饭；文王再饭，亦再饭[3]。

【注释】

①武王：周武王，姓姬名发，西周王朝的建立者。

②说（tuō）：通“脱”，脱掉。

③一饭、再饭：按照礼节，尊者进食后自己才可进食，尊者吃饱后自己才能吃饱。

【原文】

孔子曰：武王、周公[①]，其达孝[②]矣乎！夫孝者，善继人之志，善述[③]人之事者也。践其位，行其礼，奏其乐，敬其所尊，爱其所亲，事死如事生，事亡如事存，孝之至也。

【注释】

①周公：姓姬名旦，周文王之子。

②达孝：大家公认的孝子。

③述：遵循一定的法则去做。

【原文】

孟子曰：曾子养曾皙[①]，必有酒肉。将彻[②]，必请所与[③]。问有余，必曰“有”。曾皙死，曾元[④]养曾子，必有酒肉。将彻，不请所与。问有余，曰“亡矣[⑤]”。将以复进[⑥]也。此所谓养口体[⑦]者也。若曾子，则可谓养志[⑧]也。事亲若曾子者，可也。

【注释】

①曾皙：曾点，字皙，春秋时鲁国人，孔子弟子，曾参之父。

②彻：撤下，离开。

③所与：给谁。

④曾元：曾参之子。

⑤亡（wú）矣：没有了。亡：通“无”。

⑥复进：再一次进用。

⑦口体：口和身体。

⑧养志：赡养父母时能顺从其心意。

【原文】

老莱子[①]孝奉二亲，行年[②]七十，作婴儿戏，身着五色斑斓[③]之衣。尝取水上堂，诈[④]跌仆[⑤]卧地，为小儿啼。弄雏[⑥]于亲侧，欲亲之喜。

【注释】

①老莱子：春秋时期楚国人。

②行年：历经的年岁，引申为年龄。

③斑斓：色彩丰富错杂。

④诈（zhà）：假装。

⑤仆（pū）：向前跌倒。

⑥雏（chú）：幼鸟。

【原文】

伯俞[①]有过，其母笞[②]之，泣。其母曰："他日笞，子未尝泣。今泣，何也？"对曰："俞得罪[③]，笞常痛。今母之力不能使痛，是以泣。"故曰：父母怒之，不作于意[④]，不见于色[⑤]，深受其罪[⑥]，使可哀怜，上[⑦]也。父母怒之，不作于意，不见其色，其次[⑧]也。父母怒之，作于意，见于色，下[⑨]也。

【注释】

①伯俞：韩伯俞，以孝为德。

②笞（chī）：用鞭、竹板之类的东西抽打。

③得罪：犯过错。

④不作于意：不耿耿于怀。

夫孝者，善继人之志，善述人之事者也。

⑤不见（xiàn）于色：脸上不表现出愤恨之色。

⑥深受其罪：因为有过错而甘愿接受惩罚。

⑦上：最好的，上等。

⑧次：第二，中等。

⑨下：最差的，下等。

【原文】

公明宣[①]学于曾子，三年不读书。曾子曰：“宣而居参[②]之门，三年不学，何也？”公明宣曰：“安[③]敢不学？宣见夫子居庭[④]，亲在[⑤]，叱咤[⑥]之声未尝至于犬马。宣说[⑦]之，学而未能。宣见夫子之应宾客，恭俭[⑧]而不懈惰。宣说之，学而未能。宣见夫子之居朝廷，严临下[⑨]而不毁伤。宣说之，学而未能。宣说此三者，学而未能。宣安敢不学而居夫子[⑩]之门乎？”

【注释】

①公明宣：姓公明，名为宣，春秋时期鲁国人。曾子学生。

②参：曾参。

③安：怎么，哪里。

④庭：家里。

⑤亲在：如若双亲在。

⑥叱咤（chì zhà）：大声呵斥。

⑦说（yuè）：通“悦”，喜欢。

⑧恭俭：恭敬节俭。

⑨临下：对待下属。

⑩夫子：老师。

【原文】

颜丁[①]善居丧：始死，皇皇[②]焉如有求而弗得。及殡[③]，望望[④]焉如有从而弗及。既葬，慨然[⑤]如不及其反而息。

【注释】

①颜丁：春秋时鲁国人。

②皇皇：彷徨不安。皇，通“徨”。

③殡（bìn）：停柩以待下葬。

④望望：瞻望依恋。

⑤慨然：惆怅感慨。

【原文】

曾子有疾，召门弟子[①]曰：“启予足！启予手！《诗》云：‘战战兢兢[②]，如临深渊，如履[③]薄冰。’而今而后，吾知免夫[④]！小子[⑤]！”

【注释】

①门弟子：学生。

②战战兢兢（jīng jīng）：谨慎且畏惧。

③履：行走，踩踏。

④免夫（fú）：避免，防止。

⑤小子：学生，弟子。

【原文】

武王伐纣，伯夷、叔齐[①]叩马[②]而谏。左右欲兵[③]之。太公[④]曰：“此义人也。”扶而去之[⑤]。武王已平殷乱，天下宗周[⑥]，而伯夷、叔齐耻之，义不食周粟[⑦]，隐于首阳山，采薇[⑧]而食之，遂饿而死。

【注释】

①伯夷、叔齐：商朝孤竹国国君的两个儿子。

②叩马：拦在马前。

③兵：用兵器杀。

④太公：姓姜，吕氏，名尚，字五牙，亦称吕望。西周的开国元勋。

⑤扶而去之：下令将两人架到一侧。

⑥天下宗周：各个小国都承认周天子是普天下共同的君主。

⑦义不食周粟：坚守内心深处的道义，坚决不吃周朝施舍的粮食。

⑧薇：一种野菜名。

【原文】

王孙贾[①]事齐闵王[②]，王出走，贾失王之处[③]。其母曰："女[④]朝去而晚来，则吾倚门而望。女莫出而不还，则吾倚[⑤]

闾[⑥]而望。女今事王，王出走，女不知其处，女尚何归？"王孙贾乃入市中，曰："淖齿[⑦]乱齐国，杀闵王。欲与我诛齿者，袒右[⑧]。"市人从之者四百人，与诛淖齿，刺而杀之。

【注释】

①王孙贾（gǔ）：姓王孙，名贾，齐国大夫。

②齐闵王：齐国国君，齐宣王之子。

③失王之处：不知道齐闵王逃到哪里去了。

④女（rǔ）：通"汝"，你。

⑤倚（yǐ）：靠。

⑥闾（lǘ）：里巷。

⑦淖（zhuō）齿：楚国人，曾奉楚王之命率军救齐国，齐闵王任命淖齿为齐相，而淖齿伺机杀掉了齐闵王。

⑧袒（tǎn）右：脱掉右袖，露出右臂。

【原文】

臼季[①]使，过冀，见冀缺[②]耨[③]，其妻馌[④]之，敬，相待如宾。与之归，言诸文公[⑤]。曰："敬，德之聚也。能敬必有德。德以治民，君请用之。臣闻出门如宾[⑥]，承事如祭[⑦]，仁之则也。"文公以为[⑧]下军大夫[⑨]。

【注释】

①臼（jiù）季：名胥臣。

②冀缺：即余缺。冀，国名，后为晋国所灭，成为余缺的食邑。

③耨（nòu）：除草耕田。

④馌（yè）：提着做好的饭给田间耕作的人送去。

⑤文公：晋文公，晋国君主。

⑥出门如宾：出去办事像接待宾客那样谨慎认真。

⑦承事如祭：承担事务像参加祭祀那样虔诚恭敬。

⑧以为：以之为，此处引申为任用余缺。

⑨下军大夫：官职名。

【原文】

虞、芮[①]之君相与争田，久而不平，乃相谓曰："西伯[②]，仁人也，盍[③]往质[④]焉？"乃相与朝周。入其境，则耕者让畔[⑤]，行者让路；入其邑，男女异路，斑白[6]者不提挈[7]；入其朝，士让为大夫，大夫让为卿。二国之君感而相谓曰："我等小人，不可以履君子之庭[8]。"乃相让，以其所争田为间田[9]而退。天下闻之而归之[10]者四十余国。

【注释】

①虞（yú）、芮（ruì）：皆为周朝初期的诸侯国。

②西伯：指周文王。

③盍（hé）：何不。

④质：批判，评断。

⑤畔：田地的界限。

⑥斑白：指年老者。

⑦提挈（qiè）：用手提东西。

⑧庭：通"廷"，朝廷。

⑨间田：两方边界之间的无主荒地。

⑩归之：使其归顺周朝。

【原文】

曾子曰：以能问于不能，以多问于寡，有若无，实若虚，犯[1]而不校[2]。昔者吾友尝从事于斯[3]矣。

【注释】

①犯：冒犯，侵犯。

②校（jiào）：计较。

③斯：这。

【原文】

孔子曰：晏平仲[1]善与人交，久而敬之。

【注释】

①晏平仲：即晏婴，字仲，谥平。

【原文】

敬身

孟子曰：伯夷目不视恶色[1]，耳不听恶声[2]。

【注释】

①恶色：邪恶之物。

②恶声：奸淫之声。

【原文】

子游[1]为武城[2]宰[3]，子曰："女得人焉尔乎？"曰："有澹台灭明[4]者，行不由径[5]，非公事未尝至于偃[6]之室也。"

【注释】

①子游：姓言，名偃，字子游，春秋末吴国人，孔子弟子。

②武城：鲁国的城邑。

③宰：长官。

④澹（tán）台灭明：姓澹台，名灭明，字子羽，春秋时鲁国人，孔子弟子。

⑤径：小路。

⑥偃（yǎn）：即言偃。

【原文】

子路[1]无宿[2]诺。

【注释】

①子路：仲由，字子路，又字季路，春秋时鲁国人，“孔门十哲”之一。

②宿：留住，拖留。

【原文】

孔子曰：衣[①]敝缊[②]袍与衣狐貉[③]者立而不耻者，其[④]由也与！

【注释】

①衣（yì）：穿着。

②缊（yùn）：乱麻，旧絮。

③狐貉（háo）：用狐皮貉绒做成的裘衣。

④其：大约。

【原文】

孔子曰：贤哉回[①]也。一箪[②]食，一瓢饮，在陋巷。人不堪[③]其忧，回也不改其乐。贤哉回也！

【注释】

①回：颜回，字子渊，春秋末期鲁国人，孔子弟子。

②箪（dān）：盛饭用的竹器。

③不堪：难以忍受。

外篇

【原文】

《诗》曰："天生烝[①]民，有物有则。民之秉[②]彝[③]，好是懿德[④]。"孔子曰："为此诗者，其知道[⑤]乎！故有物必有则[⑥]。民之秉彝也，故好是懿德。"历[⑦]传记，接[⑧]见闻，述嘉言[⑨]，纪善行，为《小学》外篇。

【注释】

①烝（zhēng）：众。

②秉（bǐng）：持着，握着。

③彝（yí）：常道，常性。

④懿（yì）德：美好的品德。

⑤知道：通晓天地之道，人世之理。

⑥故有物必有则：有存在的事物就有相对应的法则。

⑦历：完全，完整。

⑧接：接受，承接。

⑨嘉言：符合法则的言语。

嘉言第五

【题解】

所谓"嘉言"，即指美好的言语。这一部分属于

春

天生烝民，有物有则。
民之秉彝，好是懿德。

《小学》中的《外篇》，续接了《内篇》中“稽古”的内容，收集自汉朝以来圣贤之人合乎礼仪的言论，用以扩充《内篇》中“立教”“明伦”“敬身”所阐述的道理。需要说明的是，“嘉言”这一篇中所列的圣贤之语，并不是按时代的先后进行排列的。

【原文】

广立教

横渠张先生[①]曰：教小儿，先要安详恭敬。今世学[②]不讲，男女从幼便骄惰[③]坏了，到长益凶狠。只为未尝为子弟[④]之事，则于其亲[⑤]已有物我[⑥]，不肯屈下。病根[⑦]常在，又随所居而长，至死只依旧。为子弟则不能安洒扫应对，接[⑧]朋友则不能下朋友，有官长则不能下[⑨]官长，为宰相则不能下天下之贤。甚则至于徇[⑩]私意，义理都丧。也只为病根不去，随所居所接而长。

【注释】

①横渠张先生：张载，字子厚，北宋思想家、教育家，理学创始人之一。

②世学：社会与学校。

③骄惰：为人张扬骄傲，处世怠慢不符合礼节。

④子弟：后辈之人。

⑤亲：父母，双亲。

⑥物我：彼此之分。

⑦病根：疾病之根源。

⑧接：结交。

⑨下：谦虚退让。

⑩徇：顺从，遵循。

【原文】

杨文公[①]《家训》曰：童稚之学，不止记诵。养其良知[②]良能[③]，当以先入之言[④]为主。日记[⑤]故事[⑥]，不拘古今，必先以孝悌、忠信、礼义、廉耻等事，如黄香扇枕[⑦]、陆绩怀桔[⑧]、叔敖阴德[⑨]、子路负米[⑩]之类，只如俗说，便晓此道理。久久成熟，德性若自然[⑪]矣。

【注释】

①杨文公：杨亿，字大年，北宋文学家。

②良知：指天生本然，不学而得的，能够判断善恶的经验智慧。

③良能：人生来即具有的才能。

④先入之言：自幼便时常听到的言语。

⑤日记：每天记录。

⑥故事：从前的事例。

⑦黄香扇枕：黄香，字文强，汉代江夏人，他自幼孝顺，夏天为父亲扇枕，驱走蚊虫，冬天为父亲暖被。

⑧陆绩怀桔：陆绩，字公纪，三国时吴国人。他六岁时到袁术家做客，袁术以橘子招待他，他没有吃，而是将橘子带回家给母亲吃。桔，也作“橘”。

⑨叔敖阴德：指孙叔敖幼年时杀蛇的故事。叔敖，孙叔敖，春秋时楚国人。他年幼时外出见到一条双头蛇，便将蛇打死。回家后，他哭泣起来。母亲问他为何事而哭，他告诉母亲，人们说见到双头蛇的人会死，他便看见了。

母亲问他双头蛇在哪里，他回答说因担心别人看见而死，就把双头蛇杀掉埋了。母亲便说，上天会赐福于有阴德的人，他一定不会死去。

⑩子路负米：仲由，字子路，孔子弟子。他自幼家贫，自己吃粗鄙的食物，却到百里之外背回精米给父母吃。

⑪自然：天生，天然。

【原文】

陈忠肃公[①]曰：幼学之士，先要分别人品之上下，何者是圣贤所为之事，何者是下愚[②]所为之事。向善背恶[③]，去彼取此[④]，此幼学所当先也。颜子、孟子[⑤]，亚圣也，学之虽未至，亦可为贤人。今学者若能知此，则颜、孟之事，我亦可学。言温而气和，则颜子之不迁[⑥]，渐可学矣；过而能悔，又不惮[⑦]改，则颜子之不贰[⑧]，渐可学矣。知埋鬻[⑨]之戏不如俎豆，念慈母之爱至于三迁，自幼至老，不厌不改[⑩]，终始一意，则我之不动心亦可以如孟子矣。若夫立志不高，则其学皆常人之事，语[⑪]及颜、孟，则不敢当也。其心必曰："我为孩童，岂敢学颜、孟哉？"此人不可以语上[⑫]矣。先生长者见其卑下，岂肯与之语哉！先生长者不肯与之语，则其所与语皆下等人也。言不忠信，下等人也；行不笃敬[⑬]，下等人也；过而不知悔，下等人也；悔而不知改，下等人也。闻下等之语，为下等之事，譬如坐于房舍之中，四面皆墙壁也，虽欲开明。不可得矣。

【注释】

①陈忠肃公：陈瓘，字莹中，号了翁，谥忠肃，宋延

平沙县（今属福建）人。

②下愚：极其愚笨之人。

③向善背恶：亲近善人，远离恶人。

④去彼取此：除掉恶的，选择善的。

⑤颜子、孟子：颜回和孟轲。

⑥不迁：不迁怒于人。

⑦惮（dàn）：忌惮，害怕。

⑧不贰：不犯两次同样的错误。

⑨埋鬻（yù）：孟子年幼时居住在坟墓旁边就学习下葬之事，居住在市场旁边就学习买卖之事。埋，下葬，埋葬。鬻，卖出。

⑩不厌不改：学习从来不自满、自傲，守志从来不改变。

⑪语（yù）：告诉。

⑫语（yù）上：告诉他上等的道理、礼仪。

⑬笃敬：笃厚恭敬。

【原文】

马援[①]兄子严、敦[②]并喜讥议[③]，而通轻[④]侠客。援在交趾[⑤]，还书诫之曰：吾欲汝曹[⑥]闻人过失，如闻父母之名，耳可得闻，口不可得言也。好议论人长短，妄是非正法[⑦]，此吾所大恶[⑧]也，宁死不愿闻子孙有此行[⑨]也。龙伯高[⑩]敦厚周慎，口无择言，谦约节俭，廉公有威，吾爱之重之，愿汝曹效之。杜季良[⑪]豪侠好义，忧人之忧，乐人之乐，清浊无所失[⑫]，父丧致客[⑬]，数郡毕至，吾爱之重之，不愿汝曹效也。效伯高不得，犹为谨敕[⑭]

之士，所谓刻鹄[15]不成尚类鹜[16]者也。效季良不得，陷为天下轻薄子，所谓画虎不成反类狗者也。

【注释】

①马援：字文渊，西汉末至东汉初年著名的军事家，东汉开国功臣之一。

②兄子严、敦：马援哥哥的儿子马严、马敦。

③讥议：议论讥讽。

④通轻：结交，交往。

⑤交趾（zhǐ）：又名交阯，汉代郡名，现为越南北部。

⑥汝曹：你们。

⑦是非正法：议论国法的对错。

⑧大恶（wù）：最为痛恨。

⑨行（xíng）：品行。

⑩龙伯高：名述，东汉时期人。

⑪杜季良：杜保，东汉人，官至越骑司马。

⑫清浊无所失：结交之人，无论高洁或庸俗，皆同等对待，不加区别。

⑬致客：前来吊丧的宾客。

⑭谨敕（chì）：谨慎整肃。

⑮鹄（hú）：一种水鸟，形似鹅，俗称天鹅。

⑯鹜（wù）：野鸭。

【原文】

汉昭烈[1]将终[2]，敕[3]后主[4]曰：“勿以恶小而为之，勿以善小而不为。”

【注释】

①汉昭烈：刘备，字玄德，三国蜀汉开国君王。

②将终：临死。

③敕（chì）：告诫。

④后主：刘禅，刘备的儿子。

【原文】

诸葛武侯[①]《戒子书》曰：君子之行，静以修身，俭以养德。非淡泊[②]无以明志，非宁静无以致远[③]。夫学须静也，才须学也。非学无以广才[④]，非静无以成学。慆慢[⑤]则不能研精，险躁则不能理性。年与时驰，意与岁去，遂成枯落，悲叹穷庐，将复何及也！

【注释】

①诸葛武侯：诸葛亮，字孔明，号卧龙，三国时期蜀汉丞相，封武乡侯。

②淡泊：淡薄名利，恬淡寡欲。

③致远：实现远大的理想。

④广才：增加才能。

⑤慆（tāo）慢：怠惰，怠慢。

【原文】

柳玭[①]尝著书[②]戒其子弟曰：夫坏名灾己，辱先丧家，其失尤大者五，宜深志之。其一，自求安逸，靡甘澹泊[③]。苟利于己，不恤人言[④]。其二，不知儒术，不悦古道。懵[⑤]前经而不耻，论当世以解颐[⑥]。身既寡知，恶人有学。其三，胜己者厌之，佞己者悦之。唯乐戏谈，莫思古道。闻人之善嫉之，闻人之恶扬之。浸渍[⑦]颇僻[8]，销刻[9]德义。簪裾[10]徒在，厮养[11]何殊？其四，崇好优游，耽嗜[12]曲蘖[13]。以衔杯[14]为高致，以勤事为俗流。习之易荒，觉已难悔。其五，急于名宦[15]，匿[16]近权要，一资半级，虽或得之，众怒群猜，鲜有存者。余见名门右族[17]，莫不由祖先忠孝勤俭以成立之，莫不由子孙顽率[18]奢傲以覆坠之。成立之难如升天，覆坠[19]之易如燎毛。言之痛心，尔宜刻骨。

【注释】

①柳玭（pín）：柳公绰之孙，柳仲郢之子，字直清，唐京兆华原（今陕西耀县）人。

②著书：写信。

③靡（mǐ）甘澹泊：不安于清心寡欲。

④不恤（xù）人言：无视旁人的议论。恤，忧虑，顾虑。

⑤懵（měng）：无知。

⑥解颐：喜笑颜开。颐，指面、腮。

⑦浸渍（zì）：浸泡，熏染。

⑧颇僻：不正。

⑨销刻：败坏，毁坏。

⑩簪裾（zān jū）：衣冠穿戴，仪容仪表。

⑪厮养：奴仆，下人。

⑫耽嗜（shì）：沉溺于不良的嗜好之中。

⑬曲蘖（niè）：酒。

⑭衔（xián）杯：饮酒。

⑮名宦（huàn）：名誉和官职。

⑯匿（nì）：暗暗地。

⑰名门右族：门第尊贵的大家族。

⑱顽率：顽劣轻率。

⑲覆坠：衰落，衰败。

【原文】

节孝徐先生[①]训学者[②]曰：诸君欲为君子，而使[③]劳己之力，费己之财，如此而不为君子，犹可也。不劳己之力，不费己之财，诸君何不为君子？乡人贱之，父母恶之，如此而不为君子，犹可也。父母欲之，乡人荣之，诸君何不为君子？又曰：言其所善[④]，行其所善，思其所善，如此而不为君子，未之有也。言其不善，行其不善，思其不善，如此而不为小人，未之有也[⑤]。

【注释】

①节孝徐先生：徐积，字仲车，北宋时期人。赐谥节孝处士，故称节孝先生。

②学者：学生。

③而使：如果，假使。

④所善：好的事情。

⑤未之有也：没有听说过，没有这回事。

【原文】

古灵陈先生[①]为仙居令[②]，教其民曰：为吾民者，父义母慈，兄友弟恭子孝，夫妇有恩，男女有别，子弟有学，乡闾有礼。贫穷患难，亲戚相救，昏姻[③]死丧，邻保[④]相助。无堕[⑤]农业，无作盗贼，无学赌博，无好争讼[⑥]，无以恶陵[⑦]善，无以富吞贫。行者让路，耕者让

凡子受父母之命，必籍记而佩之，时省而速行之，事毕则返命焉。

畔，斑白者不负戴于道路，则为礼义之俗矣。

【注释】

①古灵陈先生：陈襄，字述古，北宋福州侯官（今福建福州）人。

②仙居令：台州仙居县的县令。

③昏姻：即婚姻。昏，通“婚”。

④邻保：邻居。宋代实行编户制度，一保是十户人家。

⑤堕（duò）：通“惰”，懒惰，懈怠。

⑥争讼（sòng）：因争论而诉讼。

⑦陵：通“凌”，欺凌。

【原文】

广明伦

司马温公[①]曰：凡诸卑幼，事无大小，毋得专行，必咨禀[②]于家长[③]。

【注释】

①司马温公：司马光，字君实，赠温国公，故称。

②咨禀（zī bǐng）：禀告，请教。

③家长：家庭的主人。

【原文】

凡子受父母之命，必籍记[①]而佩之[②]，时省[③]而速行之，事毕则返命焉。或所命有不可行者，则和色柔声，具是非利害而白[④]之，待父母之许，然后改之。若不许，苟于事无大害者，亦当曲从[⑤]。若以父母之命为非而直行己志[⑥]，虽所执皆是，犹为不顺之子，况未必是乎！

【注释】

①籍记：用记事簿记下。

②佩之：将其佩戴于身上。

③省（xǐng）：看。

④白：说明，禀告。

⑤曲从：委屈顺从。

⑥直行己志：直接按照自己的想法去做。

【原文】

横渠先生[①]曰：舜之事亲，有不悦者，为父顽母嚚[②]，不近人情。若中人[③]之性，其爱恶若无害理，必姑顺之。若亲之故旧所喜，当极力招致[④]。宾客之奉，当极力营办[⑤]。务以悦亲为事，不可计家之有无。然又须使之不知其勉强劳苦。苟使见其为而不易，则亦不安矣。

【注释】

①横渠先生：张载。

②父顽母嚚（yín）：父亲顽固愚昧，母亲暴戾愚蠢。

③中人：中等人，一般人。

④招致：请来，招来。

⑤营办：筹办，承办。

【原文】

伊川先生[①]曰：病卧于床，委之庸医，比[②]之不慈不孝。事亲者亦不可以不知医。

【注释】

①伊川先生：程颐，字正叔，洛阳伊川（今河南洛阳）人，世称伊川先生。

②比：等同。

【原文】

司马温公[①]曰：冠者，成人之道[②]也。成人者，将责[③]为人子、为人弟、为人臣、为人少者之行也。将责四者之行于人，其礼可不重与？冠礼之废久矣。近世以来，人情尤为轻薄。生子犹饮乳，已加巾帽，有官者或为之制公服而弄之。过十岁犹总角[④]者，盖鲜矣。彼责以四者之行，岂能知之？故往往自幼至长，愚骙[⑤]如一，由不知成人之道故也。古礼虽称二十而冠，然世俗之弊不可猝[⑥]变。若敦厚好古之君子，俟[⑦]其子年十五以上，能通《孝经》《论语》，粗知礼义之方，然后冠之，斯其美矣。

【注释】

①司马温公：司马光。

②成人之道：成年人的标志。

③责：要求，承担。

④总角：儿童未成年前，头发梳成两个髻，向上分开，形态如角。

⑤愚骙（ái）：愚昧，不明事理。

⑥猝（cù）：突然。

⑦俟（sì）：等待。

【原文】

吕氏[①]《童蒙训》[②]曰：事君如事亲，事官长如事兄，与同僚[③]如家人，待群吏如奴仆，爱百姓如妻子，处官事如家事，然后能尽吾之心。如有毫末[④]不至，皆吾心有所未尽也。

【注释】

①吕氏：吕本中，字居仁，吕公著曾孙，吕希哲孙，南宋寿州（今属安徽寿县）人，官至中书舍人，世称东莱先生。

②《童蒙训》：由吕本中撰写而成，共三卷，是一套体系相对完整的家塾教材。

③同僚：同事，同为君主效力之人。

④毫末：毫毛的末端。此处比喻极其细微。

【原文】

明道先生[①]曰："一命[②]之士，苟存心于爱物[③]，于人必有所济。"

【注释】

①明道先生：程颢，字伯淳，北宋著名理学家，世称明道先生。

②一命：受过朝廷任命。

③物：此处指人。

【原文】

刘安礼[①]问临民[②]，明道先生[③]曰："使民各得输[④]其情。"问御吏，曰："正己以格物[⑤]。"

【注释】

①刘安礼：字立之，程颢弟子。

②临民：治理百姓。

③明道先生：程颢。

④输：表达。

⑤格物：探究穷尽事物的道理。此处引申为使别人端正。

【原文】

伊川先生[1]曰：居是邦[2]，不非[3]其大夫，此理最好。

【注释】

①伊川先生：程颐。

②邦：邦国，诸侯国。

③非：议论是非。

【原文】

《童蒙训》曰：当官之法，惟有三事：曰清[1]，曰慎[2]，曰勤[3]。知此三者，则知所以持身矣。

【注释】

①清：清廉不贪。

②慎：谨慎守法。

③勤：勤勉执事。

【原文】

当官者，凡异色人[1]皆不宜与之相接，巫祝[2]尼[3]媪[4]之类，尤宜疏绝，要以清心省事为本。

【注释】

①异色人：不务正业之人。

②巫祝：装神弄鬼之人。

③尼：尼姑。

④媪（ǎo）：牙婆，即旧时民间以介绍人口买卖为业从中牟取暴利的妇女。

【原文】

后生少年，乍[①]到官守[②]，多为猾[③]吏所饵[④]，不自省察，所得毫末，而一任之间，不复敢举动。大抵作官嗜利[⑤]，所得甚少，而吏人所盗不赀[⑥]矣。以此被重谴[⑦]，良[⑧]可惜也。

【注释】

①乍：刚刚。

②官守：做官所在的地方。

③猾：狡猾，狡诈。

④饵：以物质为诱饵而引诱人。

⑤嗜利：喜好资财。

⑥不赀（zī）：难以计算的财富，形容数量多。赀，通“资”，资财。

⑦重谴（qiǎn）：重罚，重贬。

⑧良：实在，极其。

【原文】

当官者，先以暴怒为戒。事有不可，当详处之，必无不中[①]。若先暴怒，只能自害，岂能害人！

【注释】

①中（zhòng）：符合事理，符合常理。

【原文】

夫有人民而后有夫妇，有夫妇而后有父子，有父子而后有兄弟。一家之亲，此三者①而已矣。自兹以往②，至于九族③，皆本于三亲焉。故于人伦为重者也，不可不笃。兄弟者，分形连气④之人也。方其幼也，父母左提右挈，前襟后裾⑤，食则同案，衣则传服⑥，学则连业⑦，游则共方。虽有悖乱⑧之人，不能不相爱也。及其壮也，各妻其妻⑨，各子其子，虽有笃厚之人，不能不少衰⑩也。娣姒⑪之比兄弟则疏薄矣。今使疏薄之人而节量⑫亲厚之恩，犹方底而圆盖，必不合矣。唯友悌深至，不为傍人之所移者，免夫！

【注释】

①三者：此处指前文所提到的夫妇、父子、兄弟。

②自兹以往：自此向外推求。

③九族：上可推求至高祖、曾祖、祖父、父亲，向下可推求至儿子、孙子、曾孙、玄孙，而自己是推求之本位。

④连气：心气相连。

⑤前襟后裾（jū）：哥哥在前拽着父母衣服的前襟，弟弟在后拉着父母衣服的后摆，形容兄弟友爱。

⑥传服：此处指大的孩子穿过的衣服再传给小的孩子。

⑦连业：此处指大的孩子用过的书本再传给小的孩子。业，书写典籍的大版。

⑧悖（bèi）乱：神志昏乱糊涂。

⑨各妻其妻：每个人都娶了自己的妻子。

⑩少衰：稍稍减弱。

⑪娣姒（dì sì）：即兄弟的妻子，俗称妯娌。年长为姒，年幼者为娣。

⑫节量：节制限量。

【原文】

伊川先生[①]曰：今人多不知兄弟之爱。且如闾阎[②]小人[③]，得一食必先以食父母，夫何故[④]？以父母之口重于己之口也。得一衣必先以衣[⑤]父母，夫何故？以父母之体重于己之体也。至于犬马亦然，待父母之犬马，必异乎己之犬马也。独[⑥]爱父母之子，却轻于己之子，甚者[⑦]至若仇敌，举世皆如此，惑之甚矣。

【注释】

①伊川先生：程颐。

②闾阎（lú yán）：这里指民间。

③小人：此处指黎民百姓。

④夫（fú）何故：这是什么原因呢？夫，这、那。指示代词。

⑤衣（yì）：穿。

⑥独：仅仅，唯独。

⑦甚者：严重的，突出的。

【原文】

伊川先生[①]曰：近世浅薄[②]，以相欢狎[③]为相与，以无圭角[④]为相欢爱。如此者，安能久？若要久，须是恭敬。君臣朋友，皆当以敬为主也。

于朋友之间，主于敬者，日相亲与，得效最速。

【注释】

①伊川先生：程颐。

②浅薄：指人肤浅无知。

③欢狎（xiá）：欢喜亲昵。

④圭（guī）角：锋芒，棱角。

【原文】

横渠先生[①]曰：今之朋友，择其善柔以相与，拍肩执袂[②]以为气合，一言不合，怒气相加。朋友之际[③]，欲其相下[④]不倦，故于朋友之间，主于敬者，日相亲与，得效最速。

【注释】

①横渠先生：张载。

②袂（mèi）：衣袖，袖口。

③际：相交，接近。

④相下：相互谦让，礼让。

【原文】

《童蒙训》口：同僚之契[①]，交承[②]之分，有兄弟之义。至其子孙，亦世讲之。前辈专以此为务，今人知之者盖少矣。又如旧举将[③]及尝为旧任按察官[④]者，后己官虽在上，前辈皆辞避坐[⑤]下坐[⑥]。风俗如此。安得不厚乎？

【注释】

①契：契合，相投。

②交承：职位交接。

③举将：指推荐者。

④按察官：巡视考察的官员。

⑤避坐：避席，以此表示尊敬之意。

⑥下坐：末席。

【原文】

范文正公[①]为参知政事[②]时，告诸子曰："吾贫时，与汝母养吾亲。汝母躬[③]执爨[④]，而吾亲甘旨[⑤]未尝充也。今而得厚禄，欲以养亲，亲不在矣。汝母亦已早世。吾所最恨[⑥]者，忍令若曹[⑦]享富贵之乐也。吾吴中[⑧]宗族甚众，于吾固有亲疏[⑨]。然吾祖宗视之，则均是子孙，固无亲疏也。苟祖宗之意无亲疏，则饥寒者吾安得不恤[⑩]也？自祖宗来，积德百余年而始发于吾，得至大官。若独享富贵而不恤宗族，异日何以见祖宗于地下？今何颜入家庙[⑪]乎？"于是恩例[⑫]俸赐[⑬]常均于族人，并置义田宅[⑭]云。

【注释】

①范文正公：范仲淹，字希文，北宋苏州吴县（今江苏苏州）人，卒谥文正。

②参知政事：一种与宰相在政事堂一起议论政事的官职。

③躬：亲身，亲自。

④执爨（cuàn）：烧火做饭。

⑤甘旨：美食。

⑥恨：遗憾。

⑦若曹：你们。

⑧吴中：古称吴县，今属苏州。

⑨亲疏：亲近与疏远。

⑩恤（xù）：体恤，同情。

⑪家庙：祖庙宗祠。

⑫恩例：帝王为宣示恩德而颁布的条例、规定。

⑬俸赐：俸禄和所得的赏赐。

⑭义田宅：义田与义宅，是为赡养族人或贫困之人而建的。

【原文】

司马温公[①]曰：凡为家长，必谨守礼法，以御群子弟及家众[②]。分之以职，授之以事，而责[③]其成功[④]。制财用之节[⑤]，量[⑥]入以为出，称[⑦]家之有无以给。上下之衣食及吉凶[⑧]之费皆有品节[⑨]，而莫不均一。裁省冗[⑩]费，禁止奢华，常须稍存赢余，以备不虞[⑪]。

【注释】

①司马温公：司马光。

②家众：家中众人，此处指家中的奴婢和仆人。

③责：要求，督促。

④成功：做好事情。

⑤节：节制。

⑥量：衡量。

⑦称（chèn）：符合，相当。

⑧吉凶：吉事和凶事。

⑨品节：以等级、层次为衡量标准进行节制。

⑩冗（rǒng）：闲散的，多余无用的。

⑪虞（yú）：预料。

【原文】

广敬身

董仲舒[①]曰：仁人者，正其谊[②]不谋其利，明其道不计其功。

【注释】

①董仲舒：西汉广川（今属河北）人，有“天人感应”“三纲五常”之说。

②谊：通“义”，道义，义理。

【原文】

孙思邈[①]曰：胆欲大而心欲小，智欲圆[②]而行欲方[③]。

【注释】

①孙思邈（miǎo）：唐代华原（今属陕西）人，著名医学家。

②圆：圆润，圆通。

③方：方正。

【原文】

古语云：从[①]善如登[②]，从恶如崩[③]。

【注释】

①从：顺从。

②登：攀登。

③崩：坠落，崩落。

【原文】

孝友先生朱仁轨[①]隐居养亲，常诲子弟曰：“终身让路，不枉[②]百步；终身让畔，不失一段。”

【注释】

①朱仁轨：字德容，唐代永城（今属河南）人。谥号为孝友先生。

②枉：白费，多费。

【原文】

仲由[①]喜闻过，令名[②]无穷焉。今人有过不喜人规[③]，如护疾而忌医[④]，宁[⑤]灭其身而无悟也，噫[⑥]！

【注释】

①仲由：字子路，春秋时鲁国人，孔子弟子。

②令名：美好的名声。

③规：规劝，劝勉。

④忌医：忌讳治疗。

⑤宁（nìng）：宁愿，宁可。

⑥噫（yī）：表示感叹的语词。

【原文】

伊川先生[①]曰：只整齐[②]严肃[③]，则心便一。一则自无非辟[④]之干[⑤]。

【注释】

①伊川先生：程颐。

②整齐：整治仪容。

③严肃：仪容庄重端正。

④非辟：邪僻。

⑤干：干扰，扰乱。

【原文】

伊川先生甚爱《表记》“君子庄敬[①]日[②]强，安肆[③]

日偷[4]”之语。盖常人之情，才放肆则日就旷荡[5]，自检束[6]则日就规矩[7]。

【注释】

①庄敬：庄重恭敬。

②日：日渐，一天天地。

③安肆：安乐放肆。

④偷：苟且。

⑤旷荡：放荡不羁。

⑥检束：检点约束。

⑦规矩：法度，礼法。

【原文】

人于外物[1]奉[2]身者，事事要好，只有自家一个身与心，却不要好。苟得外物好时，却不知道自家身与心已自先不好了也。

【注释】

①外物：身外之物，诸如饮食、衣服、房屋之类。

②奉：奉养，侍候。

【原文】

伊川先生[1]言：人有三不幸：少年登[2]高科[3]，一不幸；席[4]父兄之势为美官，二不幸；有高才[5]，能文章，三不幸也。

【注释】

①伊川先生：程颐。

②登：中举。

③高科：科举高第。

④席：倚仗，凭借。

⑤高才：杰出才能。

【原文】

横渠先生[①]曰：学者舍礼义，则饱食终日无所猷[②]为，与下民[③]一致。所事不逾[④]衣食之间，燕游[⑤]之乐耳。

【注释】

①横渠先生：张载。

②猷（yóu）：谋划，打算。

③下民：此处指不求学问的下等人。

④不逾（yú）：不超过。

⑤燕游：宴饮游乐。

【原文】

范忠宣公[①]戒子弟曰：人虽至愚，责人则明；虽有聪明，恕己则昏[②]。尔曹但常以责人之心责己，恕己之心恕人，不患不到圣贤地位[③]也。

【注释】

①范忠宣公：范纯仁，字尧夫，谥忠宣。范仲淹之子。

②昏：糊涂。

③地位：地步，程度。

【原文】

攻[①]其恶[②]，无攻人之恶。盖自攻其恶，日夜且自点检，丝毫不尽，则慊[③]于心矣，岂有工夫点检他人邪[④]？

【注释】

①攻：治理，指责。

②其恶：自己的过错。

③慊（qiàn）：不满，怨恨。

④邪：通“耶”，疑问语气词。

【原文】

“恩仇分明”，此四字非有道者[1]之言也。“无好人”三字，非有德者之言也。后生[2]戒之。

【注释】

①有道者：通情达理且有道德之人。

②后生：后辈，年轻人。

【原文】

张思叔[1]《座右铭》曰：凡语必忠信，凡行必笃敬，饮食必慎节，字画必楷正[2]。容貌必端庄，衣冠必肃整[3]，步履必安详，居处必正静。作事必谋始[4]，出言必顾行[5]，常德[6]必固持，然诺[7]必重应[8]，见善如己出，见恶如己病。凡此十四者，我皆未深省[9]。书此当座隅[10]，朝夕视为警。

【注释】

①张思叔：张绎，字思叔，北宋寿安（今属河南）人，程颐弟子。

②楷正：工整，端正。

③肃整：整治，整齐。

④谋始：开始要考虑周全，慎重行事。

⑤顾行：顾全德行。

⑥常德：始终坚守的道德。

⑦然诺：答应，允诺。

⑧重应：给予郑重的回应。

⑨深省（xǐng）：深刻地反省。

⑩座隅（yú）：座位之旁。

【原文】

胡文定公[①]曰：人须是一切世味[②]淡薄方好，不要有富贵相。孟子谓“堂高数仞[③]，食前方丈[④]，侍妾数百人，我得志不为”。学者须先除去此等，常自激昂[⑤]，便不到得坠堕[⑥]。常爱诸葛孔明，当汉末躬耕南阳，不求闻达[⑦]，后来虽应刘先主[⑧]之聘[⑨]，宰割[⑩]山河，三分天下，身都[⑪]将相，手握重兵[⑫]，亦何求不得，何欲不遂？乃与后主[⑬]言：“成都有桑八百株，薄田十五顷，子孙衣食自有余饶。臣身在外，别无调度[⑭]，不别治生[⑮]，以长[⑯]尺寸。若死之日，不使廪有余粟[⑰]，库有余财，以负陛下[⑱]。”及卒[⑲]，果如其言。如此辈人，真可谓大丈夫[⑳]矣。

【注释】

①胡文定公：胡安国，字康侯，谥文定，南宋崇安（今福建武夷山市）人，学者称其为武夷先生。

②世味：社会人情。

③仞（rèn）：古代计量单位，周制八尺为一仞，汉制七尺为一仞。

④食前方丈：前面一丈见方之地陈列着美味佳肴。

⑤激昂：振奋激励。

⑥坠堕：堕落。

⑦闻达：闻名于世，显达。

⑧刘先生：刘备，字玄德，三国时蜀汉的君主。

⑨聘：礼聘。

⑩宰割：分割，支配。

⑪都：居。

⑫重兵：指军队力量雄厚。

⑬后主：刘禅，刘备之子。

⑭调度：调遣，安排。

⑮治生：营生，经营家业。

⑯长（zhǎng）：扩大，增长。

⑰廪（lǐn）有余粟（sù）：粮仓中贮存着余粮。

⑱陛（bì）下：对君主的尊称。

⑲卒：去世。

⑳大丈夫：有节操，有志气，有作为的男子。

【原文】

胡子[①]曰：今之儒者，移学文艺[②]干[③]仕进之心，以收其放心[④]，而美[⑤]其身，则何古人之不可及哉！父兄以文艺令其子弟，朋友以仕进相招，往而不返，则心始荒而不治，万事之成，咸[⑥]不逮[⑦]古先[⑧]矣。

【注释】

①胡子：胡宏，字仁仲，号五峰，学者称其五峰先生，胡安国季子，程颢、程颐的再传弟子。

②文艺：文章技艺。

③干：求索，追求。

④放心：放纵之心。

⑤美：使动用法，使……变得美好。

夫所以读书学问，本欲开心明目，利于行耳。

⑥咸：全都，全部。

⑦不逮（dài）：不及，比不上。

⑧古先：古代，往昔。

【原文】

《颜氏家训》曰：夫[①]所以读书学问，本欲开心明目，利于行耳。未知养亲者，欲其观古人之先意承颜，怡声下气[②]，不惮劬劳[③]，以致甘腝[④]，惕然惭惧，起而行之也。未知事君者，欲其观古人之守职无侵，见危授命，不忘诚谏[⑤]，以利社稷[⑥]，恻然自念，思欲效之也。素骄奢者，欲其观古人之恭俭节用，卑以自牧，礼为教本，敬者身基，瞿然[⑦]自失，敛容抑志也。素鄙吝者，欲其观古人之贵义轻财，少私寡欲，忌盈恶满，赒[⑧]穷恤匮[⑨]，赧然[⑩]悔耻，积而能散也。素暴悍[⑪]者，欲其观古人之小心黜[⑫]己，齿弊舌存[⑬]，含垢藏疾，尊贤容众，苶然[⑭]沮丧，若不胜衣也。素怯懦者，欲其观古人之达生委命，强毅正直，立言必信，求福不回，勃然奋厉，不可恐惧也。历兹以往，百行皆然。纵不能淳，去泰去甚，学之所知，施无不达。世人读书，但能言之，不能行之，武人俗吏所共嗤诋[⑮]，良由是耳。又有读数十卷书，便自高大，陵忽长者，轻慢同列，人疾之如仇敌，恶之如鸱[⑯]枭。如此以学求益，今反自损，不如无学也。

【注释】

①夫（fú）：发语词。

②怡（yí）声下气：指侍奉父母时声音要柔和，态度

要恭顺。

③不惮劬（qú）劳：不怕辛苦。劬，劳苦，勤劳。

④甘腝（ní）：鲜美柔软的食物。

⑤诚谏（jiàn）忠诚地劝谏。

⑥社稷（jì）：土神和谷神的总称。因古代君主都要祭祀土神和谷神，后来就用社稷代指国家。

⑦瞿（jù）然：惊骇、惊惧的样子。

⑧赒（zhōu）：救济，接济。

⑨恤（xù）匮：救济缺乏。

⑩赧（nǎn）然：羞愧脸红的样子。

⑪暴悍（hàn）：残暴凶悍。

⑫黜（chù）：贬谪，摈除。

⑬齿弊（bì）舌存：牙齿因为坚硬而容易损坏，舌头却因柔软而保存下来。

⑭苶（nié）然：失落颓废的样子。

⑮嗤诋（chī dǐ）：嘲笑诋毁。

⑯鸱（chī）：鹞鹰，生性残暴嚣张。

【原文】

吕舍人[①]曰：大抵后生为学，先须理会所以为学者何事。一行一住，一语一默[②]，须要尽合道理。学业则须是严立[③]课程，不可一日放慢。每日须读一般经书，一般[④]子书[⑤]，不须多，只要令精熟。须静室危坐[⑥]，读取[⑦]二三百遍，字字句句，须要分明。又每日须连前三五授[⑧]，通读五七十遍，须令成诵，不可一字放过也。史书每日须读取一卷，或半卷以上，始见功。须是从人[⑨]授读，疑难处便质问[⑩]，求古圣贤用心[⑪]，竭力从之。夫指引者，师之功[⑫]也。行有不至，从容[⑬]规戒者，朋友之任也。决意而往，则须用己力，难仰[⑭]他人矣。

【注释】

①吕舍人：吕本中，官至中书舍人，故称。

②一语一默：说话或是沉默。

③严立：严格规定，严格规范。

④一般：同样，一样。

⑤子书：诸子百家之书。

⑥危坐：坐得端正，以表恭敬。

⑦取：语助词，并无实际意义。

⑧前三五授：之前三五次传授的内容。

⑨从人：跟随师长。

⑩质问：询问。

⑪用心：想法，存心。

⑫功：事，职责。

⑬从容：舒缓。

⑭仰：凭借，仰仗。

【原文】

吕氏[①]《童蒙训》曰：今日记一事，明日记一事，久则自然贯穿[②]。今日辨一理，明日辨一理，久则自然浃洽[③]。今日行一难事，明日行一难事，久则自然坚固。涣然[④]冰释，怡然[⑤]理顺，久自得之，非偶然也。

【注释】

①吕氏：吕本中。

②贯穿：贯通融合。

③浃洽（jiā qià）：贯通，融洽。

④涣（huàn）然冰释：如同冰遇到热那样顷刻融化，此处引申为疑难很快就消除了。

⑤怡（yí）然：高兴、快乐的样子。

【原文】

前辈尝说：后生才性[①]过人者不足畏，惟读书寻思推究者为可畏耳。又云：读书只怕寻思，盖义理精深，惟寻思用意，为可以得之。卤莽[②]厌烦者，决无有成之理。

【注释】

①才性：才能禀赋。

②卤莽（lǔ mǎng）：粗疏。

【原文】

《颜氏家训》曰：借人典籍[①]，皆须爱护，先有缺坏，就为补治。此亦士大夫百行之一也。济阳江禄[②]读书未竟[③]，虽有急速，必待卷束[④]整齐，然后得起，故无损败，人不厌其求假[⑤]焉。或有狼籍[⑥]几案，分散部帙[⑦]，多为童幼婢妾之所点污[⑧]，风雨虫鼠之所毁伤，实为累德[⑨]。吾每读圣人书，未尝不肃敬对之。其故纸[⑩]有五经词义及圣贤姓名，不敢他用[⑪]也。

【注释】

①典籍：图书，书籍。

②江禄：字彦遐，梁朝济阳（今属河南）人。

③未竟：没有完成。

④卷束：卷起并捆束起来。

⑤假：借。

⑥狼籍：通“狼藉”，乱七八糟，不整洁。

⑦部帙（zhì）：卷册。

⑧点污：弄脏，污损。

⑨累德：有损于德行。

⑩故纸：旧书籍。

⑪他用：其他的用途。

善行第六

【题解】

所谓“善行”，即合乎礼节之行，令后人称赞并可作为行事榜样之行。这部分收集了汉朝以来圣贤之人的善行，用以充实《内篇》中“立教”“明伦”“敬身”所讲述的道理。

【原文】

实立教

吕荥公[①]名希哲，字原明，申国正献公[②]之长子。正献公居家，简重寡默，不以事物经心[③]。而申国夫人性严有法，虽甚爱公，然教公事事循蹈规矩。甫[④]十岁，祁寒[⑤]暑雨，侍立终日，不命之坐，不敢坐也。日必冠带以见长者。平居虽甚热，在父母长者之侧，不得去巾袜缚袴[⑥]，衣服唯谨。行步出入，无得入茶肆酒肆。市井里巷之语，郑卫之音，未尝一经于耳。不正之书，非礼之色，未尝一接于目。正献公通判颍州，欧阳公适知州事。焦先生千之伯强客文忠公所，严毅方正。正献公招延之，使教诸子。诸生少有过差，先生端坐，召与相对，终日竟夕[⑦]不与之语。诸生恐惧畏伏，先生方略降辞色。时公方十余岁，内则正献公与申国夫人教训如此之严，外则焦先生化导如此之笃，故公德器成就大异众人。公尝言："人生内无贤父兄，外无严师友，而能有成者少矣。"

【注释】

①吕荥（xíng）公：吕希哲，字原明，吕公著之子，北宋寿州（今属安徽寿县）人，世称荥（xíng）阳先生，故亦称"荥公"。

②申国正献公：即吕公著，字晦叔，谥号正献，封申国公，北宋寿州（今属安徽寿县）人。

③经心：放在心上。

④甫（fǔ）：才，仅仅。

⑤祁（qí）寒：大寒，严寒。

⑥缚袴（fù kù）：缠绕捆扎裤管的布幅。

⑦竟夕：整个晚上。

【原文】

吕荥公[①]张夫人，待制讳昷之[②]之幼女也，最钟爱。然居常[③]至微细事，教之必有法度，如饮食之类，饭羹[④]许更益，鱼肉不更进也。时张公已为待制、河北都转运使[⑤]矣。及夫人嫁吕氏，夫人之母，申国夫人姊[⑥]也，一日来视女，见舍[⑦]后有锅釜[⑧]之类，大不乐，谓申国夫人曰："岂可使小儿辈私作饮食，坏家法[⑨]耶[⑩]？"其严如此。

【注释】

①吕荥公：吕希哲。

②待制讳（huì）昷（wēn）之：张昷之，字景山，北宋广陵（今属江苏扬州）人。讳，讳名，用于尊者的名字

前，以表示尊敬。

③居常：平日里。

④羹（gēng）：汤，汤羹。

⑤都转运使：官职名，总揽一路财政赋税，兼管监察等事务。“路”为宋代的一种行政区划。

⑥姊（zǐ）：姐姐。

⑦舍：房屋。

⑧釜（fǔ）：古代的一种锅。

⑨家法：治家的法度，礼法。

⑩耶（yé）：语助词，呢。

【原文】

唐阳城①为国子司业②，引诸生而告之曰：“凡学者，所以学为忠与孝也。诸生有久不省亲③者乎？”明日，谒④城还养⑤者二十辈⑥。有三年不归侍者，斥⑦之。

【注释】

①阳城：字亢宗，唐代定州北平（今属河北）人。

②国子司业：官职名，为国子监的副长官，掌管儒学训导的政事。

③省（xǐng）亲：回家探望父母或其他尊亲。

④谒（yè）：拜见，禀告。

⑤还养：回家侍奉父母。

⑥辈：人。

⑦斥：除名，驱逐。

【原文】

蓝田吕氏①《乡约②》曰：凡同约者，德业③相劝，过失相规，礼俗[4]相交[5]，患难相恤[6]。有善则书于籍[7]，有过若[8]违约者亦书之。三犯[9]而行罚，不悛[10]者绝[11]之。

【注释】

①蓝田吕氏：指吕大中、吕大防、吕大钧、吕大临兄弟四人，皆是陕西蓝田（今属西安）人。

②乡约：乡人共同签订并都要遵守的条约。

③德业：品德功业。

④礼俗：指婚姻、丧葬、祭祀等各种礼仪习俗。

⑤相交：相互来往、帮忙。

⑥恤（xù）：救济，体恤。

⑦籍：书籍，书册。

⑧若：或者。

⑨三犯：接连三次犯错。

⑩悛（quān）：悔改，知错。

⑪绝：开除，除名。

【原文】

实明伦

江革[1]少失父，独与母居。遭天下乱，盗贼并[2]起。革负母逃难，备经险阻，常采拾[3]以为养。数遇贼，或劫[4]欲将去，革辄[5]涕泣求哀[6]，言有老母，辞气愿款[7]，有足感动人者。贼以是不忍犯之，或乃指避兵之方，遂得俱全于难。转客[8]下邳[9]，贫穷裸跣[10]，行佣[11]以供母，便身[12]之物，莫不毕给[13]。

【注释】

①江革：字次翁，东汉临淄（今属山东）人，事母至孝。

②并：同时，一起。

③采拾：采摘拾取。

④劫（jié）：劫持，胁迫。

⑤辄（zhé）：总是，每次。

⑥求哀：向人求助，求人哀怜。

⑦愿款：诚挚。

⑧转客：辗转漂泊，客居。

⑨下邳（pī）：地名，今江苏省睢（suī）宁县古邳县。

⑩裸跣（xiǎn）：裸露上身，赤着脚。

⑪行佣（yōng）：做佣工。

⑫便身：方便安身。

⑬毕给（jǐ）：全部充足。

【原文】

薛包[1]好学笃行[2]，父娶后妻而憎包，分出之。包日夜号泣，不能去，至被殴杖[3]。不得已，庐[4]于舍外，旦入而洒扫。父怒，又逐之。乃庐于里门[5]，晨昏[6]不废。积岁余，父母惭而还之。后服丧[7]过哀。既而弟子[8]求分财异居[9]，包不能止，乃中分[10]其财。奴婢引其老者，曰："与我共事久，若[11]不能使也。"田庐取其荒顿[12]者，曰："吾少时所理，意所恋也。"器物取其朽败者，曰："我素所服食[13]，身口所安也。"弟子数破其产[14]，辄复赈给[15]。

母尝欲生鱼，时天寒冰冻，祥解衣将剖冰求之，冰忽自解，双鲤跃出，持之而归。

【注释】

①薛包：东汉汝南（今属河南）人，因孝顺父母而闻名。

②笃（dǔ）行：行为笃厚踏实。

③殴杖：用杖棍殴打。

④庐：建造小屋。

⑤里门：里巷之门。

⑥晨昏：此处指朝夕问安侍奉。

⑦服丧：身穿孝服守丧。

⑧弟子：此处指弟弟和侄子。

⑨异居：分开居住。

⑩中分：平均分配。

⑪若：你。

⑫荒顿：荒废。

⑬服食：吃穿。

⑭破其产：丧失了家产。

⑮赈给（zhèn jǐ）：救济施与。

【原文】

王祥[①]性孝，蚤[②]丧亲。继母朱氏不慈，数谮[③]之，由是失爱于父，每使扫除牛下[④]，祥愈恭谨。父母有疾，衣不解带[⑤]，汤药必亲尝。母尝欲生鱼，时天寒冰冻，祥解衣将剖[⑥]冰求之，冰忽自解，双鲤跃出，持之而归。母又思黄雀炙[⑦]，复有雀数十飞入其幕，复以供母。乡里惊叹，以为孝感所致。有丹柰[⑧]结实，母命守之，每风雨，祥辄抱树而泣。其笃孝纯至[⑨]如此。

【注释】

①王祥：字休征，晋临沂（今属山东）人，事后母极孝。

②蚤（zǎo）：通“早”，早年，以前。

③数谮（shuò zèn）：多次说别人的坏话。谮，诬陷，背地里说坏话。

④牛下：牛的排泄物。

⑤衣不解带：不脱外衣就睡觉，形容侍奉父母极其用心。

⑥剖（pōu）：破开。

⑦炙（zhì）：用火烤。

⑧柰（nài）：苹果的一种，通称柰子。

⑨纯至：纯粹之至。

【原文】

晋西河人王延[①]事亲色养[②]，夏则扇枕席，冬则以身温被。隆冬盛寒，体常无全衣，而亲极滋味[③]。

【注释】

①王延：字延元，晋西河（今山西临汾）人，以孝闻。

②色养：和颜悦色地伺候父母。

③滋味：美味。

【原文】

海虞[①]令何子平[②]，母丧去官，哀毁[③]逾[④]礼，每哭踊[⑤]，顿绝方苏。属[⑥]大明[⑦]末，东土饥荒，继以师旅，八年不得营葬。昼夜号哭，常如祖括[⑧]之日。冬不衣絮[⑨]，夏不就清凉，一日以米数合[⑩]为粥，不进盐菜。所居屋败，不蔽风日。兄子伯兴欲为葺[11]理，子平不肯，曰："我情事未申，天地一罪人耳，屋何宜覆！"蔡兴宗为会稽太守，甚加矜赏，为营冢圹[12]。

【注释】

①海虞：地名，今江苏常熟。

②何子平：南朝宋代庐江灊（qián）县（今安徽霍山）人。

③哀毁：居亲丧太过悲痛而使身体毁坏。

④逾（yú）：超越，超过。

⑤哭踊：一种丧礼的仪节，边哭边顿足。

⑥属（zhǔ）：刚好遇到。

⑦大明：南朝宋孝武帝刘骏的年号。

⑧袒（tǎn）括：古人父母初丧时的一种礼仪，即脱衣露臂，免冠束发。

⑨衣（yì）絮：穿上棉衣。

⑩合（gě）：计量单位，一升的十分之一是一合。

⑪葺（qì）：修理。

⑫冢圹（zhǒng kuàng）：坟墓，墓穴。

【原文】

朱寿昌[1]生七岁，父守雍[2]，出[3]其母刘氏，嫁民间，母子不相知者五十年。寿昌行四方，求之不已。饮食罕御酒肉，与人言辄[4]流涕。熙宁[5]初，弃官入秦[6]，与家人诀[7]，誓不见母不复还。行次[8]同州[9]，得焉，刘氏时年七十余矣。雍守钱明逸[10]以事闻[11]，诏[12]寿昌还就官[13]，由是天下皆知其孝。寿昌再为郡守，至是以母故通判河中府[14]，迎其同母弟妹以归。居数岁，母卒，涕泣几丧明[15]。拊[16]其弟妹益笃，为买田宅居之。其于宗族尤尽恩意，嫁兄弟之孤女二人，葬其不能葬者十余丧[17]。盖其天性如此。

【注释】

①朱寿昌：字康叔，宋代扬州天长县（今属江苏）人。

②守雍（yōng）：做雍州的太守。雍州在今陕西西安附近。

③出：休妻。

④辄（zhé）：总是，就是。

⑤熙宁：宋神宗年号。

⑥秦：陕西。

⑦诀（jué）：辞别，告别。

⑧行次：行走到达。

⑨同州：今陕西大荔。

⑩钱明逸：字子飞，宋杭州临安（今浙江杭州）人。

⑪以事闻：将这件事报告给朝廷。

⑫诏（zhào）：君主所发的文书命令。

⑬还就官：重新担任官职。

⑭通判河中府：于河中府担任通判。通判，官职名，州府的次官。

⑮几丧明：几乎失明。

⑯拊（fǔ）：通“抚”，抚慰，抚育。

⑰丧（sāng）：灵柩。

【原文】

李君行[①]先生名潜，虔州人。入京师，至泗州[②]，留止。其子弟请先往，君行问其故，曰："科场[③]近，欲先至京师，贯[④]开封[⑤]户籍取应[⑥]。"君行不许。曰："汝虔州人而贯开封户籍，欲求事君而先欺君，可乎？宁迟缓数年，不可行也。"

【注释】

①李君行：李潜，字君行，北宋虔州（今江西赣州）人。

②泗（sì）州：古地名，今安徽泗县一带。

③科场：科举考试。

④贯：登记入籍。

⑤开封：北宋都城。

⑥取应：参加科举考试。

【原文】

刘器之[①]待制初登科，与二同年[②]谒[③]张观[④]参政[⑤]。三人同起身请教，张曰："某[⑥]自守官以来，常持四字：勤、谨、和、缓。"中间一后生[⑦]应声曰："勤、谨、和，则闻命[⑧]矣，缓之一字，某所未闻。"张正色[⑨]作气[⑩]曰："何尝教贤[⑪]缓不及事？且道世间甚事，不因忙后错了？"

【注释】

①刘器之：刘安世，字器之，号元城，北宋大名（今属河北）人。司马光弟子。

②同年：科举考试中同一科登第之人的互称。

③谒（yè）：晋见，拜见。

④张观：字思正，北宋绛州绛县（今属山西）人。

⑤参政：官职名，为宰相副职，参知政事之简称。

⑥某：谦词，自称。

⑦后生：年轻人。

⑧闻命：接受劝导。

⑨正色：神色端正严肃。

⑩作气：振作语气。

⑪贤：此处指一种敬称，指前辈对晚辈的称呼。

【原文】

吕荥公[①]自少守官[②]处，未尝干[③]人举荐。其子舜从[④]，守官会稽，人或讥其不求知者，舜从对曰："勤于职事[⑤]，其他不敢不慎，乃所以求知也。"

【注释】

①吕荥公：吕希哲。

②守官：历任各种官职。

③干：请求。

④舜从：吕译文，字舜从，吕希哲之子。

⑤职事：职务范围内的政事。

【原文】

汉陈孝妇[①]年十六而嫁，未有子。其夫当行戍[②]，且[③]行时，属[④]孝妇曰："我生死未可知，幸[⑤]有老母，无他兄弟备养。吾不还，汝肯养吾母乎？"妇应曰："诺。"夫果死不还。妇养姑[⑥]不衰，慈爱愈固[⑦]，纺绩织纴[⑧]，以为家业，终无嫁意。居丧三年，其父母哀其少无子而早寡也，将取嫁之。孝妇曰："夫去时属妾以供养老母，妾既许诺之。夫养人老母而不能卒，许人以诺而不能信，将何以立于世？"欲自杀。其父母惧而不敢嫁也，遂使养其姑二十八年。姑八十余以天年[⑨]终，尽卖其田宅财物以葬之，终奉祭祀。淮阳太守以闻[⑩]，使使者赐黄金四十斤，复[⑪]之终身，无所与[⑫]，号曰"孝妇"。

【注释】

①陈孝妇：东汉时陈县（今河南淮阳）人。

②行戍（shù）：戍边行役。

③且：将要，即将。

④属（zhǔ）：通"嘱"，嘱托，叮嘱。

⑤幸：幸而，幸亏。

⑥姑：婆婆。

⑦愈固：越来越坚固，即更加坚定。

⑧纺绩织纴（rèn）：纺丝绩麻，织成布匹。

⑨天年：自然寿命。

⑩以闻：将陈孝妇的事情汇报给朝廷。

⑪复：免除。

⑫无所与（yù）：终生不再参与任何劳役。

【原文】

唐郑义宗妻卢氏[①]，略涉书史，事舅姑[②]甚得妇道[③]。尝夜有强盗数十，持杖[④]鼓噪[⑤]，逾垣[⑥]而入。家人悉奔窜，唯有姑自在室。卢冒白刃[⑦]，往至姑侧，为贼捶击[⑧]几[⑨]死。贼去后，家人问何独不惧，卢氏曰："人所以异于禽兽者，以其有仁义也。邻里有急，尚相赴救，况在于姑，而可委弃乎？若万一危祸，岂宜独生？”

【注释】

①卢氏：唐代幽州范阳（今北京西南一带）人。

②舅姑：公公和婆婆。

③妇道：妇女应该遵守的道德规范。

④持杖：手里拿着武器。杖，武器。

⑤鼓噪：喧闹，喧嚣。

⑥逾垣（yuán）：翻过院墙。

⑦白刃：锋利的刀剑。

⑧捶击：用棍棒击打。

⑨几（jī）：几乎，险些。

【原文】

苏琼[①]除[②]南清河[③]太守，有百姓乙普明兄弟争田，积年[④]不断，各相援据[⑤]，乃至百人。琼召普明兄弟，谕[⑥]之曰：“天下难得者兄弟，易求者田地，假令得田地，失兄弟，心如何？”因而下泪。诸证人莫不洒泣。普明兄弟叩头，乞[⑦]外更思[⑧]。分异十年，遂还同住。

【注释】

①苏琼：字珍之，北齐武强（今属河北）人。

②除：任命。

③南清河：古郡名，今山东高唐县一带。

④积年：多年。

⑤援据：援引证人。

岁寒然后知松柏之后凋。

⑥谕（yù）：告诉，让他人知道、明白，一般用于尊者对下者。

⑦乞：请求到外面。

⑧更思：重新思索、考虑。

【原文】

王祥弟览[①]，母朱氏遇[②]祥无道[③]，览年数岁，见祥被楚挞[④]，辄涕泣抱持。至于成童[⑤]，每谏其母，其母少止凶虐[⑥]。朱屡以非理使祥，览与祥俱。又虐使祥妻，览妻亦趋而共之[⑦]。朱患[⑧]之，乃止。

【注释】

①览：王览，字玄通，王祥同父异母的弟弟。

②遇：对待。

③无道：不合乎礼义人情。

④楚挞（tà）：鞭打，拷打。

⑤成童：年龄稍微大一些的儿童。

⑥少止凶虐：稍微停止施行暴虐。

⑦趋而共之：跑过去一同承受。

⑧患：忧患，忧虑。

【原文】

晋咸宁[①]中大疫，庾衮[②]二兄俱亡，次兄毗[③]复危殆[④]，疠气[⑤]方炽[⑥]，父母诸弟皆出，次[⑦]于外，衮独留不去。诸父兄强[⑧]之，乃曰："衮性不畏病。"遂亲自扶持，昼夜不眠，其间复抚柩[⑨]哀临不辍[⑩]。如此十有余旬[⑪]，疫势既歇，家人乃反[⑫]。毗病得差[⑬]，衮亦无恙[⑭]。父老[⑮]咸[⑯]曰："异哉此子。守人所不能守，行人所不能行。岁寒然后知松柏之后凋⑰，始知疫疠之不能相染也。”

【注释】

①咸宁：晋武帝年号。

②庾衮（yǔ gǔn）：字叔褒，晋鄢（yān）陵（今属河南）人。

③毗（pí）：此处指庾衮的哥哥庾毗。

④危殆（dài）：身患重病，濒临死亡。

⑤疠（lì）气：戾气，具有传染性的致病邪气。

⑥炽（chì）：旺盛，猛烈。

⑦次：住宿。

⑧强（qiǎng）：强迫，逼迫。

⑨柩（jiù）：棺材。

⑩辍（chuò）：停止。

⑪十有余旬：即一百多天。有，通“又”。旬，十天为一旬。

⑫反：通“返”，回来。

⑬差（chài）：通“瘥”，病情有所好转。

⑭无恙（yàng）：没有疾病。

⑮父老：同乡的老者。

⑯咸：都，全。

⑰凋（diāo）：衰落，颓败。

【原文】

隋吏部尚书①牛弘②弟弼③，好酒而酗④。尝醉，射杀弘驾车牛。弘还宅，其妻迎谓弘曰：“叔射杀牛。”弘闻，无所怪问，直答曰："作脯[5]。"坐定，其妻又曰："叔射杀牛，大是异事[6]。"弘曰："已知。"颜色自若，读书不辍[7]。

【注释】

①吏部尚书：官职名，主管一国官吏选任的最高长官。

②牛弘：字里仁，隋朝安定鹑觚（今甘肃平凉）人。

③弼（bì）：牛弘的弟弟牛弼。

④酗（xù）：毫无节制地饮酒，且酒后撒泼。

⑤脯（fǔ）：果肉，肉干。

⑥大是异事：这真是件怪事。

⑦辍（chuò）：停止。

【原文】

唐英公李勣[1]，贵为仆射[2]。其姊病，必亲为然[3]火煮粥。火燎[4]其须，姊曰："仆妾多矣，何为自苦[5]如此？"勣曰："岂为无人耶？顾[6]今姊年老，勣亦老，虽欲数[7]为姊煮粥，复可得乎？"

【注释】

①英公李勣（jì）：即徐世勣，字懋功。唐高祖李渊赐其李姓，后避唐太宗李世民讳改名为李勣，曹州离狐（今山东菏泽东明）人。

②仆射（yè）：唐太宗时仆射即宰相。

③然：通"燃"，点燃。

④燎（liǎo）：因太靠近火而烧焦，焚烧。

⑤自苦：自寻烦恼。

⑥顾：只不过。

⑦数（shuò）：屡次，多次。

【原文】

司马温公①与其兄伯康②友爱尤笃，伯康年将八十，公奉之如严父，保之如婴儿。每食少顷③，则问曰："得无④饥乎？"天少冷⑤，则抚⑥其背曰："衣得无薄乎？"

【注释】

①司马温公：司马光。

②伯康：司马旦，字伯康，司马池之子，司马光之兄。

③少顷（qǐng）：片刻，一会儿。

④得无：莫非，是不是。

⑤少冷：稍微寒冷。

⑥抚：轻轻抚摸，轻轻拍打。

【原文】

包孝肃公①尹京②时，民有自言："以白金③百两寄我者死矣，予其子，不肯受，愿召其子予之。"尹召其子，辞曰："亡父未尝以白金委④人也。"两人相让久之。吕荥公⑤闻之曰："世人喜言'无好人'三字者，可谓自贼⑥者矣。古人言人皆可以为尧舜，盖观于此而知已。"

【注释】

①包孝肃公：包拯，字希仁，谥号孝肃，北宋庐州（今安徽合肥）人。

②尹京：任职京兆尹，即北宋京师开封府长官。

③白金：银子。

④委：寄托，委托。

⑤吕荥公：吕希哲。

⑥自贼：自我戕害。贼，伤害。

【原文】

庞公[①]未尝入城府[②]，夫妻相敬如宾[③]。刘表[④]候之，庞公释耕[⑤]于垄[⑥]上，而妻子耘[⑦]于前。表指而问曰："先生苦居畎亩[⑧]，而不肯官禄，后世何以遗子孙乎？"庞公曰："世人皆遗之以危，今独遗之以安。虽所遗不同，未为无所遗[⑨]也。"表叹息而去。

【注释】

①庞公：字德以，东汉襄阳（今属湖北）人。

②城府：一城之内官府所在之地。

③相敬如宾：指夫妻之间彼此尊敬，相互爱护，像对待宾客一样。

④刘表：字景升，东汉山阳郡高平（今属山西）人，汉室宗亲。

⑤释耕：不再耕地，停止耕作。

⑥垄（lǒng）：田埂。

⑦耘（yún）：除草。

⑧苦居畎（quán）亩：辛苦地在田间劳作，以谋生计。

⑨遗（wèi）：送给，传给。

【原文】

陶渊明[①]为彭泽令[②]，不以家累[③]自随。送一力[④]给其子，书曰："汝旦夕之费[⑤]，自给[⑥]为难。今遣此力，助汝薪水[⑦]之劳。此亦人子[⑧]也，可善遇[⑨]之。”

【注释】

①陶渊明：一名潜，字元亮，东晋浔阳柴桑（今江西九江西南）人。

②彭泽令：彭泽（今江西九江彭泽县）县的县令。

③家累：家属，家眷。

④力：奴役，仆役。

⑤旦夕之费：一天之内的花费。

⑥自给（jǐ）：自己供养自己。

⑦薪（xīn）水：指日常的劳作，如砍柴、汲水等。

⑧人子：别人的儿子。

⑨善遇：礼遇，好好对待。

【原文】

张公艺[①]九世同居，北齐、隋、唐皆旌表[②]其门闾。麟德[③]中，高宗[④]封泰山[⑤]，幸[⑥]其宅，召见公艺，问其所以能睦族[⑦]之道。公艺请纸笔以对，乃书“忍”字百余以进。其意以为宗族所以不协，由尊长衣食或有不均，卑幼礼节或有不备，更相责望[⑧]，遂为乖争[⑨]。苟能相与忍之，则家道雍睦[⑩]矣。

【注释】

①张公艺：唐代郓（yùn）州寿张（今属山东东平县）人。

②旌（jīng）表：表彰。

③麟（lín）德：唐高宗年号。

④高宗：唐高宗李治。

⑤封泰山：到泰山祭天。封，筑土为坛以祭天。

⑥幸：古时帝王到某处称为幸。

⑦睦族：使亲族和睦相处。

⑧责望：责怪埋怨。

⑨乖（guāi）争：纷争，纠纷。

⑩雍（yōng）睦：和睦，和谐。

【原文】

实敬身

或问第五伦[①]曰："公有私乎？"对曰："昔人有与吾千里马者，吾虽不受，每三公[②]有所选举，心不能忘，而亦终不用也。吾兄子尝病，一夜十往，退而安寝[③]。吾子有疾，虽不省[④]视，而竟夕不眠。若是[⑤]者，岂可谓无私乎？"

【注释】

①第五伦：姓第五，名伦，字伯鱼，东汉京兆长陵（今陕西咸阳）人。

②三公：东汉时以太尉、司徒、司空为三公，是中央最高的三种官衔名。

③安寝（qǐn）：睡得安稳。

④省（xǐng）：探望，看望。

⑤是：这，这样。

【原文】

刘宽[①]虽居仓卒[②]，未尝疾言遽色[③]。夫人欲试宽，令恚[④]，伺[⑤]当朝会[⑥]，装严[⑦]已讫，使侍婢奉肉羹[⑧]，翻

污朝服[9]，婢遽收之，宽神色不异，乃徐言[10]曰："羹烂汝手乎？"其性度[11]如此。

【注释】

①刘宽：字文饶，东汉弘农华阴（今陕西华阴）人。

②仓卒（cù）：急迫，匆忙。

③疾言遽（jù）色：言语粗暴，神色急躁。遽，急忙，急躁。

④恚（huì）：发怒，怨恨。

⑤伺（sì）：等候，等待。

⑥朝会：觐见君主。

⑦装严：穿着装束整齐端正。

⑧肉羹：用肉做成的汤。

⑨朝服：上朝所穿的服饰。

⑩徐言：慢慢地说。

⑪性度：性情气度。

【原文】

杨震[1]所举荆州[2]茂才[3]王密为昌邑[4]令，谒见[5]，怀金十斤以遗[6]震。震曰："故人[7]知君，君不知故人，何也？"密曰："莫[8]夜无知者。"震曰："天知神知，我知子知，何谓无知？"密愧而去。

【注释】

①杨震：字伯起，东汉弘农华阴（今陕西华阴）人。

②荆州：东汉时荆州治所在今湖南汉寿县北部。

③茂才：秀才，因避光武帝刘秀名讳，所以改秀才为茂才。

④昌邑：今山东巨野和金乡境内。

⑤谒（yè）见：拜见，晋见。

⑥遗（wèi）：赠给，传给。

⑦故人：自谦词，自称。

⑧莫（mù）：通“暮”，夜晚。

【原文】

茅容[1]与等辈[2]避雨树下，众皆夷踞[3]相对，容独危坐愈恭。郭林宗[4]行见之，而奇其异[5]，遂与共言，因请寓宿[6]。旦日[7]，容杀鸡为馔[8]，林宗谓为己设，既而供其母，自以草蔬[9]与客同饭。林宗起，拜之曰：“卿[10]贤乎哉。”因劝令学，卒以成德。

【注释】

①茅容：字季伟，东汉陈留（今属河南开封）人。

②等辈：同辈。

③夷踞（jù）：是一种不拘礼节的坐姿，即两腿伸开坐在地上。

④郭林宗：郭泰，字林宗，东汉并州太原界休（今属山西）人。

⑤奇其异：对他的与众不同感到极其惊讶。

⑥寓宿：借宿，寄宿。

⑦旦日：第二天。

⑧馔（zhuàn）：食物。

⑨草蔬：粗疏的饭菜。

⑩卿（qīng）：古时长者对晚辈，上级对下级的称呼。

【原文】

柳玭[①]曰：王相国涯[②]方居相位，掌利权[③]。窦氏女[④]归，请曰："玉工货一钗，奇巧，须七十万钱。"王曰："七十万钱，我一月俸金耳，岂于女[⑤]惜，但一钗七十万，此妖物[⑥]也，必与祸相随。"女子不复敢言。数月，女自婚姻会归，告王曰："前时钗，为冯外郎妻首饰矣。"乃冯球也。王叹曰："冯为郎吏，妻之首饰有七十万钱，其可久乎？"冯为贾相𫗧[⑦]门人，最密。贾有苍头[⑧]，颇张威福，冯召而勖[⑨]之。未浃旬[⑩]，冯晨谒贾，有二青衣捧地黄酒出饮之，食顷而终。贾为出涕，竟不知其由。又明年，王、贾皆遘祸[⑪]。噫！王以珍玩奇货为物之妖，信知言矣。徒知物之妖，而不知恩权隆赫[⑫]之妖甚于物耶！冯以卑位贪宝货，已不能正其家，尽忠所事而不能保其身，斯亦不足言矣。贾之臧获[⑬]害门客于墙庑[⑭]之间而不知，欲终始富贵，其可得乎？此虽一事，作戒数端。

【注释】

①柳玭（pí）：字直清，唐代京兆华原（今陕西耀县）人。

②王相国涯：王涯，字广津，唐代太原人。

③掌利权：王涯任吏部尚书而掌管盐铁事务，掌握着国家财政大权。

④窦（dòu）氏女：指王涯嫁到窦家的女儿。

⑤女（rǔ）：通"汝"，你。

⑥妖物：不祥的东西。

⑦贾相悚（sù）：贾悚，字子美，唐代河南府（今河南洛阳）人，文宗年间曾拜相。

⑧苍头：奴仆，奴婢。

⑨勖（xù）：本意为勉强，此处引申为委婉地劝谏、劝勉。

⑩浃（jiā）旬：十天。

⑪遘（gòu）祸：遭到祸患。

⑫隆赫（hè）：显赫，显贵。

⑬臧（zāng）获：古代对奴仆的贱称。

⑭墙庑（wǔ）：指家里。庑，堂下周围的走廊、廊屋。

【原文】

王文正公[①]发解[②]、南省[③]、廷试[④]皆为首冠[⑤]，或戏[⑥]之曰："状元试三场，一生吃着[⑦]不尽。"公正色曰："曾[⑧]平生之志，不在温饱。"

【注释】

①王文正公：王曾，字孝先，宋代青州艺都（今属山东）人。

②发解（jiè）：唐宋时，应贡举合格者，谓之选人，由所在州郡发遣解送至京城参加礼部会试，称"发解"。

③南省：唐尚书省的通称。中书、门下、尚书三省皆在大内之南，而尚书省的位置更在其他两省之南，故称"南省"。此处指由隶属尚书省的礼部举行的会试。

④廷试：科举制度，会试中式后，由皇帝亲自策问，在殿堂上举行的考试，又称"殿试"。

⑤首冠（guān）：第一。

⑥戏：开玩笑。

⑦吃着（zhuó）：吃穿。

⑧曾：王曾的自称。

【原文】

范文正公[①]少有大节[②]，其于富贵贫贱、毁誉[③]欢戚[④]，不一动其心，而慨然[⑤]有志于天下。尝自诵[⑥]曰："士当先天下之忧而忧，后天下之乐而乐也。"其事上[⑦]遇[⑧]人，一以自信[⑨]，不择利害为趋[⑩]舍。其有所为，必尽其方[⑪]。曰："为之自我者，当如是[⑫]。其成与否，有不在我者，虽圣贤不能必[⑬]，吾岂苟[⑭]哉？"

【注释】

①范文正公：范仲淹。

②大节：高远宏大的志向。

③毁誉：诋毁与赞誉。

④欢戚：欢乐与悲戚。

⑤慨（kǎi）然：慷慨激昂的样子。

⑥诵：讲述，诉说。

⑦事上：侍奉君主。

⑧遇：对待。

⑨一以自信：完全按照自己遵守的正道做事。

⑩趋（qǔ）：通"取"。

⑪必尽其方：竭尽全力践行正道。

⑫当如是：就该如此。

⑬必：一定，肯定。

⑭苟：苟且。

曾平生之志，不在温饱。

【原文】

司马温公[①]尝言：吾无过人[②]者，但[③]平生所为，未尝有不可对人言者耳。

【注释】

①司马温公：司马光。

②过人：超过别人，强于别人。

③但：只是。

【原文】

吕正献公[①]自少讲学，即以治心[②]养性[③]为本。寡[④]嗜欲[⑤]，薄滋味，无疾言遽色[⑥]，无窘步[⑦]，无惰容[⑧]。凡嬉笑俚近[⑨]之语，未尝出诸口。于世利纷华，声伎[⑩]游宴，以至于博奕[⑪]奇玩，淡然[⑫]无所好。

【注释】

①吕正献公：吕公著。

②治心：收束心志。

③养性：涵养天性。

④寡：不追求。

⑤嗜（shì）欲：嗜好和欲望。

⑥疾言遽（jù）色：言语粗暴，神色急躁。

⑦窘（jiǒng）步：窘急，步履匆忙。

⑧惰（duò）容：神情懒散，萎靡不振。

⑨俚（lǐ）近：通俗浅近。

⑩声伎（jì）：舞女歌姬。

⑪博奕（yì）：赌博和围棋。

⑫淡然：淡漠，不放在心上。

【原文】

明道先生[①]作字[②]时甚敬，尝谓人曰：非欲字好，只此是学。

【注释】

①明道先生：程颢。　②作字：写字。

【原文】

刘公[①]见宾客，谈论逾时[②]，体无欹侧[③]，肩背竦直[④]，身不少动，至手足亦不移。

【注释】

①刘公：刘世安，北宋魏（今河北大名）人。

②逾时：超过两个小时。

③欹（qī）侧：倾斜，歪斜。

④竦（sǒng）直：挺直。

【原文】

徐积仲车[①]初从安定胡先生[②]学，潜心力行[③]，不复仕进。其学以至诚为本，事母至孝。自言："初见安定先生，退，头容少偏。安定忽厉声云：'头容直[④]！'某[⑤]因自思，不独头容直，心亦要直也。自此不敢有邪心。"卒谥节孝先生。

【注释】

①徐积仲车：徐积，字仲车。

②安定胡先生：胡瑗，字翼之，北宋泰州海陵（今江苏泰州）人。世居陕西路安定堡（今陕西子长县），创立理学安定学派，世称"安定先生"。

③潜心力行：专心学习，努力践行。

④头容直：头的姿势端正而不歪斜。

⑤某：谦辞，自称。

【原文】

柳玭[①]曰：高侍郎[②]兄弟三人，俱居清列[③]，非速[④]客不二羹胾[⑤]。夕食，龁[⑥]卜匏[⑦]而已。

【注释】

①柳玭：字直清，唐京兆华原（今陕西耀县）人。

②高侍郎：高锴（kǎi），唐代人。

③清列：高官。

④速：招致，邀请。

⑤羹胾（gēng zì）：羹汤和大块肉。胾，切成大块的肉。

⑥龁（hé）：吃，咬。

⑦卜匏（páo）：萝卜和葫芦。

【原文】

李文靖公[①]治居第[②]于封邱[③]门外，厅事[④]前仅容旋马[⑤]。或言其太隘[⑥]，公笑曰："居第当传子孙。此为宰辅[⑦]厅事诚隘，为太祝、奉礼厅事则已宽矣。"

【注释】

①李文靖公：李沆（hàng），字太初，谥文靖，北宋洺州肥乡（今属河北）人。

②居第：住宅。

③封邱：北宋都城城门的名称。

④厅事：厅堂，此处指私人住宅里的厅堂。

⑤旋马：调转马头。

⑥隘（ài）：狭窄，逼仄。

⑦宰辅：这里指宰相。

【原文】

张文节公[①]为相，自奉[②]如河阳掌书记[③]时。所亲或规之曰："今公受俸不少，而自奉若此，虽自信清约[④]，外人颇有公孙布被[⑤]之讥。公宜少从众[⑥]。"公叹曰："吾今日之俸，虽举家[⑦]锦衣玉食，何患不能？顾人之常情，由俭入奢易，由奢入俭难。吾今日之俸岂能常有，身岂能常存？一旦异于今日，家人习奢已久，不能顿俭，必至失所[⑧]。岂若吾居位去位、身存身亡，如一日乎？"

【注释】

①张文节公：张知白，字用晦，一字端甫，谥文节，北宋清池（今河北沧州）人。

②自奉：自己平时生活的供养。

③河阳掌书记：任职河阳节度判官。

④清约：清廉节约。

⑤公孙布被：汉代公孙弘被任命为丞相，生活却非常节俭，只盖布被子，每顿饭只吃一个肉菜。

⑥从众：服从大多数人的意见。

⑦举家：全家。

⑧失所：失去容身之所。

【原文】

温公[①]曰：先公[②]为群牧判官[③]，客至，未尝不置酒[④]。或三行[⑤]，或五行，不过七行。酒沽[⑥]于市，果止梨、栗、枣、柿，肴[7]止于脯[8]、醢[9]、菜羹[10]，器用瓷漆[11]。当时士大夫皆然，人不相非[12]也。会数而礼勤[13]，物薄而情厚。近日士大夫家，酒非内法[14]，果非远方珍异，食非多品，器皿[15]非满案，不敢会宾友。常数日营聚[16]，然后敢发书[17]。苟[18]或不然，人争非之，以为鄙吝[19]，故不随俗[20]奢靡[21]者鲜矣。嗟乎！风俗颓弊如是，居位者虽不能禁，忍助之乎？

【注释】

①温公：即司马光。

②先公：去世的父亲。此处指司马光之父司马池。

③群牧判官：官职名，掌管国家公用之马匹。

④置酒：摆设酒宴。

⑤行：即巡，按次序斟酒一次，称为一巡。

⑥沽（gū）：买。

⑦肴（yáo）：做熟的鱼肉等。

⑧脯（fǔ）：肉干。

⑨醢（hǎi）：肉酱。

⑩菜羹（gēng）：用蔬菜做成的汤羹。

⑪瓷漆：陶瓷和漆器。

⑫非：批评，责怪。

⑬会数（shuò）而礼勤：多次相聚，并且礼节殷勤周到。

⑭内法：宫廷内酿酒的独特方法。

⑮皿（mǐn）：诸如碗、碟、杯、盘之类的器具统称。

⑯营聚：操持准备。

⑰书：请帖。

⑱苟：如果，假使。

⑲鄙吝：吝啬，过分爱惜财物。

⑳随俗：顺应习俗。

㉑奢靡（shē mí）：奢侈浪费。

【原文】

温公[①]曰：吾家本寒族[②]，世以清白相承。吾性不喜华靡[③]，自为乳儿[④]时，长者加以金银华美之服，辄羞赧[⑤]弃去之。年二十忝[⑥]科名。闻喜宴[⑦]独不戴花。同年[⑧]曰：君赐，不可违也。乃簪[⑨]一花。平生衣取蔽寒，食取充腹[⑩]。亦不敢服垢敝[⑪]以矫俗干名[⑫]，但顺吾性而已。

【注释】

①温公：司马光。

②寒族：寒微之家族。

③华靡（mí）：奢华奢靡。

④乳儿：小孩。

⑤赧（nǎn）：因羞愧而脸红。

⑥忝：常用作自谦词，有愧于。

⑦闻喜宴：唐朝制度，进士中式后，凑钱宴乐于曲江亭子，称曲江宴，亦称闻喜宴。

⑧同年：科举考试中同科登第之人的互称。

⑨簪（zān）：戴，插。

⑩充腹：吃饱，填饱肚子。

⑪服垢敝（gòu bì）：穿着破旧的衣服。

⑫矫俗干名：有心违背世俗而立异，以求取名声。

【原文】

汪信民[①]尝言："人常咬得菜根，则百事可做。"胡康侯[②]闻之，击节[③]叹赏。

【注释】

①汪信民：江革，字信民，北宋临川（今江西抚州）人。

②胡康侯：胡安国。

③击节：打节拍。

朱子治家格言

【清】朱柏庐 著

【原文】

黎明即起，洒扫庭除[①]，要内外整洁。既昏便息，关[②]锁门户，必亲自检点。一粥一饭，当思来处不易；半丝半缕，恒念物力维艰[③]。宜未雨而绸缪[④]，毋临渴而掘井。自奉必须俭约，宴客切勿留连。器具质而洁，瓦缶[⑤]胜金玉。饮食约而精，园蔬胜珍馐[⑥]。勿营华屋，勿谋良田。

【注释】

①庭除：庭院与台阶。

②关：门闩。

③恒念物力维艰：时常记住生产每一件东西是如何艰难。

④宜未雨而绸缪（chóu móu）：天还未下雨，就先把门窗修好，比喻提前做好准备。绸缪，修补。

⑤瓦缶（fǒu）：一种瓦器，小口大肚。

⑥珍馐（xiū）：美食。

【原文】

三姑[①]六婆[②]，实淫盗之媒；婢美妾娇，非闺房之福。奴仆勿用俊美，妻妾切忌艳妆。祖宗虽远，祭祀不可不诚。子孙虽愚，经书不可不读。居身务期质朴，教子要有义方[③]。勿贪意外之财，勿饮过量之酒。

【注释】

①三姑：尼姑、道姑和卦姑。

②六婆：牙婆、媒婆、师婆、虔婆、药婆和稳婆。

③义方：行事应遵守的道德与规范，此处指儒家纲常伦理。

【原文】

与肩挑贸易，勿占便宜；见贫苦亲邻，须多温恤。刻薄成家，理无久享。伦常乖舛[①]，立见消亡。兄弟叔侄，须分多润寡[②]。长幼内外，宜法肃辞严。听妇言，乖骨肉，岂是丈夫？重资财，薄父母，不成人子。嫁女择贤婿，毋索重聘。娶媳求淑女，毋计厚奁[③]。

【注释】

①乖舛（chuǎn）：违背，背离。

②分多润寡：把多余的财富匀出一部分，分给财富少的人。

③厚奁（lián）：丰厚的嫁妆。

【原文】

见富贵而生谗容[①]者，最可耻。遇贫穷而作骄态者，贱莫甚。居家戒争讼，讼则终凶。处世戒多言，言多必失。毋恃势力而凌逼孤寡，勿贪口腹而恣杀牲禽。乖僻自是[②]，悔误必多。颓惰自甘[③]，家道难成。狎昵[④]恶少，久必受其累。屈志老成，急则可相依。轻听发言，安知非人之谮诉[⑤]，当忍耐三思。因事相争，安知非我之不是，须平心暗想。

【注释】

①谗容：谄媚讨好的样子。

②乖僻自是：行为乖戾却自以为是。

③颓惰自甘：颓废懒惰，不求上进，却自得其乐。

④狎昵（xiá nì）：过分亲近。

⑤谮（zèn）诉：诬蔑人的坏话。

【原文】

施惠勿念，受恩莫忘。凡事当留馀地，得意不宜再往。人有喜庆，不可生妒忌心。人有祸患，不可生喜幸心。善欲人见，不是真善。恶恐人知，便是大恶。见色而起淫心，报在妻女。匿怨[①]而用暗箭，祸延子孙。

【注释】

①匿（nì）怨：暗地里对他人心怀怨念。

【原文】

家门和顺，虽饔[①]飧[②]不继，亦有馀欢。国课[③]早完，即囊橐[④]无馀，自得至乐。读书志在圣贤，为官心存君国。守分安命，顺时听天。为人若此，庶乎近焉[⑤]。

【注释】

①饔（yōng）：早饭。

②飧（sūn）：晚饭。

③国课：国家的赋税。

④囊橐（náng tuó）：口袋。

⑤庶乎近焉：大概就差不多了。